品成

阅读经典 品味成长

创业十八年

风中的厂长 著

人民邮电出版社

北京

图书在版编目（CIP）数据

创业十八年 / 风中的厂长著 . -- 北京 ： 人民邮电
出版社 ， 2025. -- ISBN 978-7-115-67641-2

Ⅰ . F241.4-49

中国国家版本馆 CIP 数据核字第 2025NM6742 号

◆ 著　　　　风中的厂长
　　责任编辑　刘　浩
　　责任印制　马振武

◆ 人民邮电出版社出版发行　　北京市丰台区成寿寺路 11 号
　邮编 100164　　电子邮件 315@ptpress.com.cn
　网址 https://www.ptpress.com.cn
　涿州市京南印刷厂印刷

◆ 开本：880×1230　1/32
　印张：10　　　　　　　　　　　2025 年 7 月第 1 版
　字数：190 千字　　　　　　　　2025 年 8 月河北第 3 次印刷

定价：69.80 元

读者服务热线：（010）81055671　印装质量热线：（010）81055316
反盗版热线：（010）81055315

序言

作为一个学历普通的生意人，我原本没有计划出书，但是我喜欢文字，7年间发了1万多条微博。作为一名多次创业者，我常在微博上分享自己从做外贸到开工厂，再到做电商、运营自媒体的一些碎片化经验和教训，以及一点小成绩，算个话痨吧，也逐渐积累了100多万名粉丝。

我的粉丝中有相当多的一部分是做生意的，他们对我特别认可，所以非常希望我能出书。也有许多人受我的各种干货类文章的启发，在各个领域取得了不错的成绩，纷纷来感谢我。这给了我莫大的鼓励，因此，我希望把自己的各种经验汇集成一本工具书，从而更好地帮助大家。

可惜我平时太忙，写书这件事一拖就是好几年。正好好友写书哥经营着一家图书策划公司，他安排编辑花费一年时间将我发的微博整理成了我的上一本书。我看完书以后，第一反应是很心疼编辑——将那么多零散的内容整理成书，难度可想而知；但同时我也感到很遗憾，那本书存在不少缺陷，内容比较碎片化、不连贯，缺少灵魂。

如果再次出书，我希望用最好的、最真诚的内容来回报信任我的读者，所以我决定花时间自己好好写一本。

我先简单介绍一下自己。我是一名"80后"，在 2006 年大学毕业以后，短暂从事过影视广告编辑工作，然后进入了一家外贸公司从事鞋类出口业务。作为英语基础一般的"社恐"，我开始恶补英语，主动和外国人交朋友，并利用在大学里积累的互联网知识，结合传统贸易方法，渐渐熟悉了外贸公司的业务。

当时，由于公司规模小，加上合作工厂的素质参差不齐，工厂生产出来的产品经常出现各种质量问题，我的外贸业务开展得非常吃力。于是我头脑一热，向老板提出了自己开工厂的想法。老板非常欣赏我，他觉得我勤奋又肯动脑子，于是投资我开了一家鞋厂。

新人开工厂，真的可以说是"地狱难度"。由于人手不足，很多事情我都需要下车间自己干，打包、装车、卸货……吃了特别多的苦。但是成功不是靠吃苦就可以获得的，很快工厂就因经营不善而濒临倒闭，家里为了支持我，连房子都卖了。

也许是我的运气好，2009 年，欧美金融危机导致原材料价格暴跌，这让我的工厂起死回生。紧接着"淘宝时代"来临，我抓住了机会，事业更上了一层楼。后来我收购了前老板的外贸公司，打造了一支还算成功的外贸团队，还趁势开了一家服装厂。

但是，随着事业开始顺风顺水，我变得狂妄自大，很快便尝到了红利消失、众叛亲离的滋味。这让我的头脑逐渐冷静下来。

从做贸易、开工厂、做电商，到有了一定的行业知名度，我接触了各种类型的生意，和不同的人打过交道，对人性有了更深入的了解，这些都为我后来运营自媒体打下了扎实的基础。

我的运营自媒体之路也不是一帆风顺的。我在最初的两年几乎是默默无闻的，在掌握了方法以后，从 2019 年起，我的努力才慢慢开花结果。我先后运营了一些自己还算满意的账号，比如微博账号"风中的厂长""风爸育儿"，抖音账号"不花心生鲜旗舰店""然哥聊创业""风中的小厨""然哥寻鲜记"，视频号"厂长帮您选好货"，等等。

这些账号中，除"风爸育儿"是和我妻子合作运营的之外，其他都是我自己运营的。在账号运营过程中，我总结了大量的方法论。我还建立了一个覆盖近 2 万人的社群"厂长的小商圈"。这个社群中的客户大多是中小企业主，在服务他们的过程中，我接触到各种各样的案例，不但拓宽了视野，也发现了一些有趣的规律。

目前我的各项业务都发展得非常稳定，我依然经营着自己的外贸公司和服装厂，以及一家比较正规的线上生鲜店——不花心生鲜。我依然每天奋斗在业务第一线，接触着许多新鲜事物。

　　我认为自己并没有特别的过人之处，只是经历很丰富。我有一颗对世界充满好奇的心，什么事情都想自己试一试，而且从不轻言放弃。在创业过程中，我遇到的人都是我的老师，踩过的"坑"也都是我的财富。一路走来，我抓住过机遇，也在追逐风口的过程中遭受过打击，真的有千言万语想和大家分享。

　　无论做什么生意，在线上还是线下，和算法打交道还是和人打交道，核心方法都是一样的——分析事物的本质，寻找最佳路径，躬身入局，不断优化。在本书中，我将基于自己和身边人的真实案例，分享自己创业的心得和经验。

　　由于我的水平有限，书中难免存在不足之处，敬请广大读者批评指正。

风中的厂长

目录

第四章

个人成长感悟篇

传统生意篇

第一章

躬身入局，打好基础
练就一身真本事

➤ 生意思维

拥有生意思维，是普通人"开挂"的开始

➤ 选择工厂

找工厂，先锁产业带，再找"万事通"

➤ 客户关系

与其讲套路，不如解决客户的真实难题

➤ 交叉能力

会英语 + 懂产品 + 懂工厂，是外贸人逆袭的组合拳

➤ 无限游戏

与其思考如何打败别人，不如专注做好自己

01 新人起步

每个人都有自己的星辰大海

本书不只是给生意人看的，也适合想做生意的朋友以及职场新人阅读。我希望大家能通过这本书弄清身边的世界是如何运转的，了解市场的规律和客户的心理，搞懂老板的心思，学会顺势而为，取得出色的成绩！

我把职场上的新人分为两类。第一类人目标明确，学生时代就有清晰的规划，毕业后能坚定地朝着目标奋斗。我惊讶地发现，我的一些粉丝在上大学甚至上高中时就开始关注我。我常在微博上聊生意，由于非常担心误导年轻人盲目创业，我往往会劝他们好好学习，不要太早关注我。但是后来我发现，这些很早就开始关注我的人在进入社会后都取得了不错的成绩。其实这不是我的功劳，而是因为他们"开窍"很早，在其他人还在懵懂的年纪就提前做好了人生规划。比如，我最近遇到一个女生"虾谷米粒"，她从大一开始关注我，上大学时就做了合理的人生规划。她想进互联网大公司，为此刻意学习了一些技能，而且锻炼出了商业头脑，善于捕捉别人的需求。毕业后，她依靠自己的特长和经历，不但顺利收到了互联网大公司的录用通知，还创立了自己的公司。

但是，这一类人占比太小，我不想用太多篇幅去讨论他们。在这里我重点介绍第二类人，也就是像我这样，一开始没有任何规划和准备，不知道自己真正适合做什么，对做生意也一窍不通的人。这一类人往往不知道老板在想什么，不明白公司如何运转，不了解社会运行的规则。哪怕误打误撞做了生意，他们也不懂市场规律，不知道客户需要什么，可能会莫名其妙地靠站在风口上赚到钱，也可能会莫名其妙地亏钱。我建议这一类人早点认清自己，尽快"开窍"。

你要清晰地知道自己适合做什么，对什么感兴趣，找一个适合自己的领域（我指的是能让你愿意投入时间和精力，从而使自己不断进步的领域）。同时，千万不要看轻自己。每个人都有适合的领域，你在一个岗位上做不出成绩，不一定是因为你不优秀，很可能是因为这个岗位不适合你。

我在职业生涯中遇到过各种各样的人，发现那些能取得一定成绩的人往往属于以下几种类型。

社交型：喜欢跟人打交道，适合从事销售、采购、公关等职业。

数据型：喜欢跟数据打交道，能静下心来，适合从事互联网运营、电商运营、新媒体运营等工作。

创作型：有创造力和耐心，适合做自媒体博主。这类人不论是从事写作、拍视频、剪辑还是直播，都能利用互联网这个大舞台取得不错的发展。

研发型：喜欢琢磨问题，爱钻研产品工艺或者配方等，适合进入科研机构、制造业企业的研发部门。

领导型：善于组织和使用人才，有号召力，通常是意见领袖，能够让各种有才华的人心甘情愿地为自己做事。

表演型：喜欢表演，适合做主播、短视频达人、短剧演员等，只要利用好互联网这个大舞台，迎合观众的喜好，就能获得可观的流量和收益。

我们只有明确自己属于什么类型，找到适合自己的领域，才能最大限度地发挥自己的才能，奔赴属于自己的星辰大海。

我上大学时学的是被很多人视作"天坑专业"的生物工程，而且我还是"学渣"一个，在这个领域没什么优势。但是我对影视动画特别感兴趣，凭借兴趣自学了相关知识，考了一些证书，毕业后顺利进入了影视动画行业，却发现现实和想象太不一样了。甲方的审美需求实在太难被满足，我在这个岗位很难发挥自己的才能，而且经常加班，工资又低。这时候，我得知外贸行业利润比较可观，于是决定回杭州做外贸，没想到一直坚持到了现在。

为什么我能坚持这么久？因为我发现自己确实适合干销售，我会因为将产品成功销售出去而得到正反馈。我很幸运，刚进入一家外贸公司就发现公司缺少互联网人才。我利用在大学里积累的互联网知识为公司建立了一个网站，又找朋友完成了搜索引擎的关键词优化，于是来询盘的人源源不断。正是这些正反馈让我克服无数困难，一路坚持了下来。

我能做这么久的外贸，还离不开以下 3 个关键点。

一是兴趣。我的兴趣就是销售，从做外贸时进行一对一销售，到做电商时一个人对几十个人进行销售，再到做带货博主时一个人对成千上万人进行销售，我都乐此不疲。做外贸要面临来自时差的挑战，特别是在对接欧美客户时，为了达成一个订单，我愿意连续熬夜。现在回想起来，如果没有兴趣驱使，只靠销售提成，我是很难坚持下来的。

二是技能。我做外贸之所以比别的业务员有优势，是因为我在大学里学习了许多实用技能，包括 Photoshop 软件、搜索引擎和 B2B 网站的使用技巧，加上那时我苦学英语，在短时间内达到了比较高的英语水平，所以我很快成了公司的销售冠军。

其实我的这些技能和专业人士的相比只是皮毛，掌握它们花不了太多时间。但是在当时的外贸行业，掌握这些技能的人只有少数，在鞋类行业，这类人更是凤毛麟角。当时的外贸行业中，大多数人的学历都不高，年轻人中同时会英语和懂互联网的更是没几个，而且他们不肯进工厂做业务，因此当时我面对的竞争压力比较小。

对于第二个关键点，我认为掌握交叉技能是让人快速取得成绩的法宝。 在后面的创业过程中我也发现，许多掌握交叉技能的人，都能快速取得成绩，比如懂产品的销售人员、懂视觉原理的运营人员、懂英语的保姆、会做菜的摄影师、懂 AI 应用的设计师、懂销售的"网红"等。

我写了一首打油诗，供大家参考。

厨师汽修，学好英语，广阔天地；
设计美工，用好 AI，风生水起；
程序码农，懂点营销，出人头地；
销售人员，会点剪辑，如虎添翼；
搬砖工人，拍好视频，老铁共鸣；
英语老师，开启直播，更好前行！

三是人性。无论是在职场还是商界，我们都需要知道老板、客户、合作伙伴在想什么，发现并满足他们的需求，这样才有可能获得高人指点、贵人相助，从而少走弯路。

如果能对以上 3 个关键点有清晰的认知，我们在起步阶段就会顺利很多。但是要想做好生意，还需要对市场规律、客户心理、产品特性，甚至是社会的运行规律有深入的了解。我在后面会用较多篇幅来给大家讲解相关内容，帮助大家在做生意时少走弯路。

02 贸易入门
打工人也要有生意思维

生意思维

在说贸易之前，我想说说"打工思维"和"生意思维"的差异。

很多人说浙江人都有商业头脑，因为浙江人经商的比例比较高，孩子对做生意从小耳濡目染。但是这种说法只适用于一部分浙江人。其实我自己一开始并没有什么生意思维，只是公司的一个普通员工，可是在工作中慢慢形成生意思维以后，我的人生就像"开了挂"。生意思维主要有以下 3 种，我给大家具体说说。

1. 生产者思维

有些人在工作中常常把自己当作一个"工具人"，只执行领导交代的指令，不去思考指令背后的动机。我一开始从事影视广告编辑工作时，包括最初接触外贸业务时，也只是一个只懂得执行老板指令的"工具人"，并没有思考他为什么这么安排。

但是具有生产者思维的打工人，会思考与自己手上这份工作相关的整条商业链。比如，现在的我剪辑一条视频，会思考这条视频能带来多少回报，整条商业链中有多少参与者，成本是多少，销售情况如何，利润是多少，哪些环节是可以被替代的，哪些环节是不可以被替代的，整个流程能不能再优化，如何才能让利润最大化，等等。

如果你拥有生产者思维，在看短视频时，就不会只"刷"短视频，而是会留意优秀的短视频的取材、拍摄、剪辑技巧以及变现方式；进入一家奶茶店时，不会只研究其最好喝的饮品是什么，而是会研究其经营策略；走进一家餐馆时，会思考它的选址、租金、菜品的成本和售价、翻台率和利润率；面对一个售价1万元的名牌包时，重点思考的不是它什么时候打折，而是它的营销成本、渠道成本、品牌故事构建成本，等等。

在学校里，拥有生产者思维的学生会思考试题为什么要这么出，通过参考不同的教辅书提升学习效率，主动学一些学校不教的技能，为进入社会做准备。

可以说，生产者思维就像普通人的"天眼"。有了它，我们就可以尽量从全局的角度而不是单一的角度思考一切问题，从而拨开阻碍我们的重重迷雾，使前路变得清晰可见。

2. 销售思维

其实人生就像一场大型销售活动。打工人是将劳动力出售给老板，店铺老板是卖货赚钱，二者不分贵贱。销售思维越早拥有越好。在人生中的一个个重要场合——面试、恋爱、竞聘等，拥有销售思维的人往往会表现得更好。我很幸运，我的第二份工作是外贸公司做销售，这份工作促使我很快形成了销售思维。之后在做电商、运营自媒体的过程中，我也无时无刻不在做各种形式的销售。

我认为拥有销售思维的人往往有以下几种表现。

（1）审时度势，找准平台；

（2）提炼卖点，懂得包装；

（3）寻找需求，满足需求；

（4）勇于面对，百折不挠；

（5）积累口碑，持续发展。

3. 无限游戏思维

我看到一些名校毕业生在找到稳定的工作后就不再思考进一步发展自己的事业，就忍不住发出一声长叹；看到许多人因为行业形势不好而收入下滑，又发出一声长叹——大家都被"有限游戏"束缚了。

最近几年，我看了一本书——《有限与无限的游戏》，发现这个世界上的很多事都可以归类成两种游戏：有限游戏和无限游戏。

有限游戏强调在规则下竞争，着眼于规则和排名。比如，学校里的考试，赛场上的竞技，在同一个平台上卖货面临的竞争，等等。

每当看到新闻报道称许多名校毕业生都想考公务员，我就会想：这条路上的竞争很激烈，哪怕是学霸也不一定有太大优势。

无限游戏强调不盯着一时的成败，不追求排名，不追求打败别人；抛开既定规则，把精力花在做好自己上，不断学习，不断进步。它要求我们挣脱排名的束缚，静下心来，只思考一个问题：我今天能创造什么价值？

很多厉害的生意人都坚持终身学习，不断接受新事物，探索新事物的本质，并从中获益。有了这样的习惯，加上践行长期主义，你就有可能成功。

此外，我们应拥有积极的心态，不要取得一点成功就狂喜，遇到一点挫折就痛哭，患得患失。生意人难免遇到大起大落，要学会坦然面对。重要的不是赚钱，而是在经历中成长。

我的心态一直都比较好，因为我永远相信这几件事情：人生中本来就有很多事情是徒劳无功的；做喜欢的事情时全力以赴，会有意外收获；钱是要慢慢赚的；太容易得到的往往容易失去。

说到心态，我认为除了生意思维，生意人还需要做到以下几点。

第一，心要大，不能"玻璃心"，平时控制好情绪，别轻易动怒。这样无论是客户还是员工，都会信赖你。

第二，多交友，少树敌。有句话说得好："伸手不打笑脸人。"哪怕是面对同行竞争对手，也最好能够表露善意，没准你们未来还有合作机会。买卖不成仁义在，哪怕合作不成功，也可以交个朋友，以期下次达成合作。

第三，善于让利。对于靠谱的合作伙伴，要大方让利。特别是当你是新人时，如果你和有实力的前辈做生意，一开始让对方多赚一点，他就会觉得你实诚，甚至感觉亏欠了你。这样对方就更愿意与你交往，下次如果有好资源要分享，他第一个想到的就是你。

大家可能会觉得我说的这些很有道理，但是一转身就忘了，这是因为缺少实战。我会在后面内容中分享大量自己的实战经验，来帮助大家强化这些生意思维。下面我从基础的生意类型——传统贸易讲起。

传统贸易

贸易，用通俗的话来说就是"赚差价"。外贸和内贸本质一样，都是利用地域差、信息差和渠道差来赚钱。从古代到现在的网络时代，贸易活动已经延续了几千年，是一种朴素的生意模式。除了有形的商品，贸易的对象还涵盖技术、资金、信息和劳务等。

我有个发小叫杨潇，他是阿里巴巴国际站的销售人员。最早是他跟我描述了外贸行业的大致情况：低价从国内工厂买货，再将货高价卖给外国人，做得好可以年入百万元。我听得心痒痒，别说年入百万元，哪怕年入十万元也是很吸引人的，于是我义无反顾地走上了外贸之路。

那时我正因失恋陷入低落期，在外贸方面也完全是零基础，家境一般，学历一般，一路磕磕碰碰，吃了好多苦。

不过说起来，我也曾是"富二代"，只是家里人错信了"白眼狼"而在经济上大不如前。20世纪90年代末，我妈和二伯共同出资开了一家打印店，收益不错。初中时我就穿上了名牌球鞋，而且我是全班第一个家里买电脑的。但我妈和二伯比较保守，他们并没有辞去在单位的本职工作，仅把开打印店作为副业，并让张叔叔担任这家小店的法人。

张叔叔是我妈所在的单位的临时工，他家里非常穷，当时他的妻子正怀孕且没有工作，所以大家都很照顾他。张叔叔热情好学，经常找我妈学电脑知识。我妈是办公室文员，会用一些办公软件，于是她手把手地教张叔叔，教他学会了打字。

后来张叔叔不知道因为什么事情被单位辞退，当时他的孩子才两个月大，他们一家因付不起房租被房东赶了出来。记得那年冬天寒风冷得刺骨，张叔叔夫妇带着孩子走投无路，只好向我妈求助。我妈二话不说，收留了他们。我家没有多余的房间，他们便在客厅打地铺。我爸也是个老好人，一切都听我妈的。

后来我妈和二伯合伙在杭州望江门外开了一家打印店，因为他们特别信任张叔叔，就让他当了这家小店的法人。打印店主要印刷名片、刻字和设计广告宣传页，每个月的利润有三四万元。当时我国正在进行入世谈判，我妈说未来英语和电脑很重要，让我学好英语和电脑。我的英语水平一般，但是我对电脑感兴趣，于是用店里的电脑自学了 Photoshop。

1998 年暑假，店里接到一单生意—— 一家足浴店要制作一张彩色的足底按摩图。我扫描了一张黑白图，然后用 Photoshop 的填充工具填充了色块，加上文字，再放大打印出来。通过这单生意，我帮店里赚到了 3000 元。当时的 3000 元不是一笔小钱，我妈因此高兴地奖励了我 300 元。

可惜好景不长，随着打印店的生意蒸蒸日上，张叔叔夫妇动起了歪心思。他们趁着我妈和二伯不注意，偷偷转移店里的资产，最后带着营业执照、现金和店里值钱的设备（包括价值 3 万元的刻字机）自立门户了。

对此，我妈和二伯欲哭无泪。与此同时，我也见识到了什么是人心险恶。在往后的很多年里，我又遇到了许多像张叔叔夫妇这样的人，我一次次地信任他们，却一次次地被他们伤害，真的是心如刀割。按理说我应该吸取教训，深感人性之恶，但我至今依然相信这世上还是好人多。

不久之后，我高考失利，进入了宁波的一所三本学校学生物工程。之所以去宁波，是因为我向往大海，而且喜欢吃海鲜。我的同学们家庭条件都比较好，而我每个月的生活费只有500元，我跟他们一起玩时开销很大，日子总过得紧巴巴的。好在我会用Photoshop，并且在暑假自学了网页设计，经常利用这些技能赚一些外快。我还参加了学校的Flash动画制作比赛，我的参赛作品其实是我用来向心目中的"女神"——英语系的夏岚表白的，没想到意外得了奖。

我人生中非常骄傲的一件事，就是在大学期间追到了夏岚。我是在去女生宿舍修电脑的时候认识夏岚的，她决定和我在一起当然不是因为我修电脑修得好，而是因为她觉得我这个人很真诚、实在。

我们在一起了两年，可惜她最后还是跟我提了分手。毕业后，我进入了一家影视广告公司；她入学比我晚一届，当时正读大四，在一家外贸公司实习，我们只有在周末才能聚在一起。夏天的傍晚，我蹬着自行车，载着长发飘飘的她，哼着小曲，穿过小巷。在我看来这是多么美的画面啊，可惜她不这么想。渐渐地，我发现她对我变得冷淡了。原来她的主管一直在追求她，可惜我后知后觉，等到夏岚和我摊牌时，一切都已经太迟了。

和夏岚分手之后，我心灰意冷地离开了宁波这个伤心之地，回到了家乡杭州。我当时就想多赚点钱证明自己，证明夏岚的选择是错的。当时我国才加入世界贸易组织 6 年，外贸行业欣欣向荣，用现在的话来说，那时正是"红利期"。于是我想，既然想快速赚钱，不如就进入外贸行业吧。

然而，对于我这种没有任何相关经验的新人，可以说开局就面临"地狱模式"。

我去了几家大公司面试，结果都碰了壁。后来我进了一家小型外贸公司，它是经营鞋子和户外服装的。进公司以后，我发现那里仅有 3 个人。业务员只有一个，就是老板黄总。黄总是一位很"佛系"的老板，白天不来公司。他只有几个老客户，一年的总销售额不到 100 万美元。剩下的两个人分别是单证员小董和跟单员胡磊。黄总让我跟着胡磊学习，从跟单做起，先熟悉工厂和产品，同时兼顾验货。对于黄总的安排，我有点失望，因为我想尽快开展业务赚提成，跟单赚的钱太少了。我原以为跟单就是全程跟踪订单，围着工厂转，但是很快便发现自己的想法是错的。我的跟单经历十分精彩，为我日后开展业务打下了深厚的基础。

说起传统贸易，很多人认为客户最重要。我认为这种看法是错的，最重要的应该是工厂。没有工厂给你供货，你拿什么卖给客户呢？特别是在外贸领域，竞争相对公平，很多时候客户选择你，70% 都是因为你的产品好，而产品的背后就是工厂。

但是跟工厂打交道并不容易，你不仅可能遇到店大欺客的情况，而且在工厂的老板当中，有许多都对新人不太友好。新人跟这些老板打交道，可以说是如履薄冰。

很多朋友应该看过 2023 年播出的电视剧《繁花》，剧中胡歌饰演的宝总在去诸暨服装厂进货时差点遇险，而现实中也存在类似的情况。

那时我作为跟单员，基本上天天跑工厂。合作工厂主要分布在杭州周边的工业区，远一点的则在山沟里。由于交通不发达，加上自己没有车，我每天都要起个大早，转 3～4 趟客车到达工厂，忙完后经常要半夜才能到家。这些工厂都是黄总找的，规模小且素质参差不齐，我们在合作中有时会有磕碰。

记得有一次，我去一家工厂验货，车间主任为了以次充好，安排人偷偷把我挑出来的次品鞋拿回去重新包装。我发现后非常生气，为了杜绝这种情况，便拿剪刀直接剪断了次品鞋。车间主任大怒，一气之下和我打了起来。幸好胡磊及时赶来赔礼道歉，车间主任才善罢甘休。

我用了 3 年时间从一个外贸新人成长为黄总的得力助手，逐渐帮黄总把合作工厂的范围拓展到全省，并与许多大工厂建立了合作关系。

03 如何找工厂
好工厂比好客户更重要

说句心里话，我挺羡慕现在外贸行业里的年轻人的，因为现在信息更对称、交通更便利，很多年轻人都有车，只要愿意去探索和努力，往往就能得到收获。而且现在的工厂普遍由创始人的第二代接班，他们的受教育程度比父辈高很多，年轻人之间有许多共同话题，彼此容易打交道。

要想找到好工厂，我建议遵循以下 3 步。

第一步：找产业带。如果外贸公司需要开发新品，本身又不属于相应行业，就应先找产业带而不是直接找工厂。产业带就是一个行业中工厂最密集的区域，我国有许多特色产业带，比如永康五金、丹阳眼镜、广州皮具、义乌箱包、南通家纺和电动工具、晋江运动鞋、许昌假发、杭州丝绸、上虞雨伞、慈溪小家电、深圳数码等。锁定产业带以后，找工厂就会更高效。

我一般是通过搜索引擎、熟人介绍、1688 以及广交会找到外贸产业带的，一般来说 1688 比搜索引擎更好用，但是 1688 上排名靠前的商家中，很多是电商卖家和中间商，他们擅长运营，产品质量却一般。我心目中真正的好工厂在 1688 上往往排名很靠后，很难找到。所以我们决定"曲线救国"，先利用 1688 找到产业带——在 1688 上输入"产品名称 + 外贸"，搜索结果中出现频率最高的地区大概率就是产业带了。通过参加广交会找产业带的效果也很好，因为许多工厂会直接参展。此外，批发市场（比如义乌国际商贸城）里也有许多前店后厂的摊位，我们可以通过深入了解它们来挖出产业带。现在 AI 也可以作为搜索辅助，比如豆包。我觉得在搜产业带方面，豆包的准确性甚至比某些广告很多的搜索引擎高。

第二步：找行业中的"万事通"。锁定一个产业带以后，不要盲目进入，最好先想方设法找到对应行业中的"万事通"。"万事通"一般是业内人士，包括业务员、跟单员、车间师傅、验货员等。特别是验货员，他们天天验货，消息非常灵通，深知各工厂的特点以及优劣。如果你有一个验货员朋友，就会少走很多弯路。认识"万事通"其实不难，多去产业带的车间转转，多和车间里的人聊天，很快就可以认识不少"万事通"。

我刚做外贸的时候，很多外国人觉得我的服务好，经常要我帮忙找货，比如劳保鞋。我一开始并不知道该怎么做，后来想到可以先找产业带。经过一番努力，我很快锁定了两个地方，一个是浙江温州，另一个是山东高密。我又在阿里巴巴诚信通上找到了杭州本地的一家劳保鞋供应商，这家供应商的老板张总就是一个行业"万事通"，非常热情而且讲义气，我俩很快就打成了一片。

张总告诉我，其实他也是从温州进货。由于比较投缘，我俩合作过多次。他会从我这里进货，我遇到小订单时也从他那里进货，而对于大订单，他非常大方，直接将温州和福建的工厂介绍给我。后来，温州的劳保鞋工厂逐渐被高密的取代。于是张总北上高密，和那里的老板反复见面沟通，成功搞定了那边的产业带，这为他日后成为劳保鞋跨境领域的头部卖家打下了基础。

对，张总后来成了跨境大佬，这是另外一个故事，我后面会讲。他一直是我的铁杆盟友，我们多次出国参展都是睡在一个房间的。他最初经营内销小工厂，后来做外贸和电商时一路和我相互扶持。直到他进入跨境领域，他的销售规模一下就超越了我的。在我看来，他是一个传奇和能干的人。

张总这样的"万事通"可遇不可求，除了他，影响我人生走向的还有另外两个"万事通"。一个是我在工厂认识的李东方，他是某大型外贸公司的验货员。某天我在工厂打样板，看到流水线在赶制他所在公司的产品，厂里上下都对他很尊敬。这也不奇怪，工厂对大客户向来重视，对验货员也会好好招待。

我和李东方在不同的外贸公司，虽然是竞争对手，但也都是打工人，有共同语言，给对方递根烟就能聊上半天。于是我开始找李东方套近乎，逐渐发现他很好打交道。他非常乐于分享，还向我传授了一些给鞋子验货的注意点。我没什么可以分享给他的，只能用拼命夸他、请他吃饭作为回报，我们很快就成了朋友。他也主动告诉我哪家工厂好，并愿意为我引荐，逐渐帮我打通了供应链。现在李东方单干了，我也将许多订单外包给他。

另外一个"万事通"，是我在福建工厂认识的技术师傅老林。当时他已经50多岁了，在这个行业待了30多年，认识的人非常多。他为我后来开工厂、找原材料、招聘技术人才提供了非常大的帮助。当然，他也给我介绍了行业里许多靠谱的工厂。

和行业中的"万事通"结盟，真的可以让你少走许多弯路。

第三步：搞定工厂。其实找好工厂不难，难就难在与之达成合作。 因为好工厂一般不缺订单，对小客户可能态度会比较冷淡。搞定一家好工厂，让它心甘情愿做你的"大后方"，是你发展壮大的关键。

工厂选择合作伙伴时，一看订单量，二看人际关系。在当时的外贸行业中，订单量最大的是沃尔玛，工厂对沃尔玛十分重视。在人际关系方面，过硬的关系我们通常没有，但是我们通过之前说的"万事通"的引荐，也是有办法与一家好的工厂合作的。

需要注意的是，跟工厂沟通时要不卑不亢、实实在在，给对方留个好印象。许多外贸公司的人喜欢吹牛，给工厂"画饼"，工厂的老板可不会被轻易忽悠，他们只会觉得这些外贸公司的人不实在。

第一次与工厂合作时，如果订单不大，建议给工厂一个比较高的价格。这样一来虽然你的利润少了，但是对方得利了，你们的合作就有了基础，未来你们继续合作的可能性就更大了。千万不要装穷和装可怜，否则对方会看不起你。合作的前提是互利，如果你只想从对方身上占便宜，那是不可能的。

中小工厂不像大工厂那般强势，而且很多都面临订单不足的情况，因此更容易打交道。这里要补充一点，当你发现一家工厂很优秀，但是配合度比较低时，在正式合作之前，不妨向其支付一笔 5000 元到 1 万元的预付款作为"开发费"或"样品费"以表诚意，这笔费用可以在后续货款中扣除。这么做是为了让工厂认为你是优质客户，从而在后续合作中更好地配合你。

当你找到好工厂并且顺利与之达成合作以后，你要记住这只是开始。在产品生产之初多去生产现场看看，这不仅能避免生产中的错误，也是一个了解工艺流程的机会，能让你变得更专业，对你日后向客户推销产品大有帮助。

04 如何打动客户

把话说到客户心里去

　　进入正题之前，我先说个小插曲。因为我的英语基础一般，特别是口语很差，所以在进外贸公司之前，我恶补了两个月的英语。我的方法是和外国人交朋友。我找了一家外语培训机构，花了 200 元试听课程，认识了一位外教 David（大卫）。他是一个很阳光的小伙子，很好相处，我经常以请他吃饭为由学英语，这样就不用交高昂的培训费了。而且教英语是他的兼职，他的主业是为美国某自行车公司在中国进行采购。他经常去长三角地区出差，我和他混熟以后，就经常扮成他的翻译，跟他到处跑工厂。很多朋友和外国人打交道时，总是担心自己的词汇量不够。其实不用担心，我当时随身带着电子词典，遇到不懂的单词就查词典；现在更方便了，大家随时都可以借助手机进行翻译。

　　我还和 David 去了一趟香港，那是我第一次去离家很远的地方，出发前我兴奋得睡不着觉。在香港和他同吃同住的过程中，我的英语水平迅速提升，这让我有了做外贸的底气。

　　进入外贸公司以后，我白天跑工厂，晚上陪黄总处理业务。前面说过，黄总很"佛系"，白天不来公司。他习惯在晚上写邮件，然后给我安排第二天的任务。黄总高度近视，有一次他因为眼镜的镜片碎了，看不清楚屏幕上的字，也没办法打字，于是让我帮他读邮件，他用英文口头说，我帮他把文字打出来。由于我的打字速度很快，他发现这样做比他自己写邮件还快，还可以顺带教我业务知识，于是后面索性都让我来帮他打字。一个月下来，我就对谈业务有了初步的了解。

　　由于我们只有几个老客户，我就向黄总建议：我们可以自己建立一个网站，开发新业务。我在大学里建立过网站，在这方面驾轻就熟。得到黄总的支持后，我说干就干，不久就建立了一个网站。

　　当然，只有网站是不够的，还需要有流量。我找朋友帮忙对这个网站进行了搜索引擎优化，这样外国人就能轻松搜到它了。

　　很快，系统后台就有了询盘。于是我利用在帮黄总打字期间学到的业务知识，和跑工厂学来的产品知识，开始自己接业务。

　　我记得第一个订单来自法国，客户订购了 2000 双鞋子。从打样到出货，我全程盯着；从销售、跟单到验货，我也是一个人负责。整个过程一波三折，好在最后总算顺利出货。之后，来自美国、英国、意大利的订单开始源源不断地产生。我在做业务员期间，一共写了几万封邮件，而且这些邮件都不是群发的，我平均每天要写 30 封。其实写到一万封左右的时候，我在谈业务方面就已经轻车熟路了。

我认为业务员从入门到精通要经历 3 个阶段。

第一阶段：懂英语的客服，能准确回答客户的问题；第二阶段：懂人性的销售人员，会事先做功课，了解客户的背景和挖掘客户的需求，能在销售过程中运用许多技巧，从而促成订单；第三阶段：值得信赖的伙伴，能把客户变成自己的朋友或者粉丝。下面我分阶段给大家讲解。

第一阶段：懂英语的客服

我们最起码要做到对产品知识、业务流程了如指掌。多跑工厂，就能够了解并掌握产品的工艺、材料等方面的知识。掌握了这些知识，我们就能应对大部分客户了。同时，我们对业务流程也要足够熟悉，并且要掌握国际贸易的合同、发票、出口单据、海空运物流、清关等相关知识。特别是装箱体积，客户有时候会算错，为避免造成损失，你要及时发现相关问题，让客户感受到你是专业的。

第二阶段：懂人性的销售人员

你如果能成为懂人性的销售人员，你的月薪或许能达到几万元。销售人员不能随意推销，你需要知道客户真正的需求是什么，如追求更低的价格、更高的品质或更好的服务等。

一般来说，在销售之前需要分析客户，包括他所在的市场，他的竞争对手、主力产品、利润情况、优势和劣势，以及他目前遇到的问题和未来可能会遇到的问题等。

如果只从卖货的角度出发，你会有多个竞争对手；如果从解决问题的角度出发，你就很难有竞争对手。

我来分享一下我在销售方面的方法。

1. 知己知彼

你必须对自己所在的行业和自己公司的产品了如指掌，在此基础上去了解客户公司的背景。

首先，看客户的邮箱后缀。许多客户的邮箱后缀是其公司的网址，你可以顺藤摸瓜找到其公司的官网。在这个过程中，你很有可能找到同行的同类产品，你需要分析自己的产品优势，同行的特点，等等。如果你没有找到同行的同类产品，说明你的产品是客户准备开发的新品。你需要提炼出你们在行业中的优势，让客户觉得你们就是不二之选。

其次，将为客户"量身定制"的内容写进邮件中，让客户感受到你的专业和诚意，给客户留下良好的第一印象，以便后续与对方更好地沟通。

给客户写邮件的时候，如果客户公司的专业性比较强，你应表现出对客户公司的了解，不卑不亢地夸一夸客户公司，让客户感觉受到了重视。

如果客户的邮箱后缀包含"gmail""yahoo"等，这就说明他们基本上是中间商或者买手，那么你在邮件中就要突出自己的产品的价格优势和核心卖点。

2. 用简短的语言介绍工厂

不管工厂是不是你创办的，你都必须向客户介绍工厂有哪些资质证书。这一点很重要，因为许多客户都非常注重工厂的资质。

3. 利用明星效应

许多外贸公司都有"明星客户"，像鞋类外贸公司就有Clarks、GEOX、Coach、Aldo、Bata这类知名客户，但是询盘的大多数不是大客户。我会告诉小客户我与哪些大品牌合作过，以彰显自己的专业性。但同时我也会告诉他们，我更愿意和他们这类客户合作，帮他们做大。

下面再分享一些有效的销售技巧。

我的外贸业务员生涯从2007年开始，到2014年结束。我仅用两年时间就实现了最初的目标，但是随着公司的规模越来越大，我在销售之路上的脚步根本停不下来。一直到 2014 年，我在忙得脚不着地时才意识到要培养团队。在这之前，我亲手处理了上千个外贸订单。不过我觉得自己并不算有天赋的销售人员，只是熟能生巧罢了。

有一次，我去机场接澳大利亚客户 Gigi（吉吉）两姐妹，想借机和她们拉近一点距离。接上她们之后，我得知她们除了要考察我的工厂，还要考察另外两家更有实力的工厂。在去我的工厂的路上，我留意到她们总是吐槽竞争对手 B 公司。

Gigi 两姐妹在我的工厂看完产品后，对产品基本满意。我顺势把话题引到市场方面，两姐妹说，她们一直被竞争对手 B 公司打压，这次来就是为了开发出更好的产品，从而与 B 公司抗衡。听了她们的话，我拍案而起，说了句 "Let's beat them!"（让我们打败他们！），还挥了挥拳头。两姐妹一下子很激动。于是她们考察另外两家工厂就变成了例行公事，最终选择了与我合作，我们一合作就是好几年。

我有一个德国客户 Bernd（贝恩德），我们是 9 年前在广交会上认识的。他主要生产帐篷，也生产户外冲锋衣，生产这两种产品都会用到一种材料——Oxford（牛津布）。他在中国找了好几家工厂，但都不满意。我当时正在研究牛津布，对生产户外服装用到的几种牛津布了如指掌。于是我索性对 Bernd 说："I'm Oxford man." 意思是我对牛津布非常了解。他听了以后，放心地把订单交给了我。

　　一转眼，我们已经合作 9 年了。不久前，Bernd 又来到了杭州。我们一起吃饭的时候，他提起了 "Oxford man"，连我自己都差点忘记这个 "梗" 了。这时候我恍然大悟，把话说到客户心里去真的太重要了。

第三阶段：值得信赖的伙伴

　　要想成为值得信赖的伙伴，除了需要具有个人魅力，比如踏实靠谱之外，还需要好产品的加持。我有一个关系很好的朋友——做精品女鞋外贸的女老板胡总，她非常细心、感性，只做自己热爱的事情：一边去各地旅行，一边为开发鞋子寻找灵感。

　　她会选好鞋子的基础版型，然后进行二次设计，增加各种流行的元素和配色，让鞋子焕然一新。我和她合作过几次，对她的印象很深。有一次，因为鞋跟的高度与标准只差了一毫米，我根本没察觉到，她得知后却坚持废弃上万元的模具，要求重新做。她的这种精神让我十分佩服。她不需要销售人员，参展时往往只有几个跟单员随行。因为许多外国人都是她的粉丝，每次广交会期间，他们都会在她的展位前排队——她开发的鞋太精美了，让人没办法不喜欢，哪怕一双鞋比同行的贵几美元，也照样有很多人愿意买单。

　　她是单身人士，如今 38 岁，容光焕发，保养得很好。我由此深受启发，觉得创业就应该选择做自己热爱的事，这样才能倾情投入，将自己的优点发挥到极致。

　　此外，做外贸不能一味迁就客户，很多客户，特别是小客户，是不专业的，任由他们发表意见会给工作带来许多麻烦。我以前自己做业务时都会给客户"上课"，这样可以大大降低成本，提高利润。

　　下面我举几个给客户"上课"的例子。

　　第一，帮客户优化装柜方式和包装方式。有的客户采用的装柜方式不合理，你可以帮他优化。比如，你在计算客户的产品体积后，如果发现还有几立方米的空间未被利用，就应该建议客户增加产品数量，这样做就等于帮客户增加利润。

　　即使是在产品已经装满的情况下，通过优化不合理的包装方式，也可以腾出不少空间。比如，很多客户会用一种规格的纸盒装不同尺寸的产品，这导致装小尺寸产品的纸盒往往空荡荡的。对此，我会建议客户改用更小的纸盒来装小尺寸产品，这样既能避免产品被压坏或变形，又能多装一些产品。客户都会爽快地采纳我的建议，同时觉得我很专业，变得更加信任我。

　　第二，对于产品量小、规格多的订单，可以尝试向客户提出建议，比如建议客户只订购一两种规格的产品。总之，将客户往对自己有利的方向引导。这样比拒绝或怠慢客户好得多，而且客户往往能接受。

　　第三，客户往往喜欢说："隔壁王老板的产品比你的便宜0.5元，你看着办吧！"在这种情况下，你不用马上降价，而是可以说："一分价钱一分货，虽然他的产品比我的便宜0.5元，但是你买了之后，售后率很可能会提高几倍。"

　　第四，适当的时候，帮客户"开窍"。我采用的是小工厂大贸易模式，多数订单都不是我生产的，有些客户总想直接联系工厂。我就自信地告诉他们，我是专业做鞋的，可以帮他们省钱，让他们省心。比如，德国的Peter（彼得）自从把鞋类业务都交给我以后，鞋子的销量翻了好几倍，他陪伴家人的时间也更多了。

　　Peter是欧洲鞋类批发商，经营着几个不知名的品牌，专门做西欧各大城市的中小鞋店的生意，采用"低价跑量"的模式，从中国进货。

　　2010年左右，我刚做外贸不久，通过阿里巴巴认识了他。我们的初次合作比较愉快，我们也成了朋友。

　　Peter一年要来中国四五次，目的是找各种鞋厂。他经常拉着我帮他翻译，于是我陪他天南海北地跑，顺便学习一些鞋类知识。有一次在北京秀水街，我帮他把报价上千元的某品牌手表还价到了200元，因此他对我的能力非常认可。

　　后来因为工厂屡屡出现产品质量问题，Peter经常跟工厂扯皮，疲惫不堪。有一次他拉着我去淮安找工厂说理，我们从杭州开车出发，途经无锡，到淮安的时候天已经黑了。两个人肚子饿得咕咕叫，当时的淮安，到了晚上 9 点以后大多数饭店都打烊了，只有沙县小吃店还开着，我们就进店吃蒸饺。

在店里，Peter 给我看了他老婆和孩子的照片。他说他平时要么在法国，要么在中国，很少有时间陪老婆和孩子，他很想他们。

我觉得这是个机会，于是就对他说："你把在中国的订单全交给我了，对付这些鞋厂我是专业的。我可以为你提供找货、砍价、验货一条龙服务，只拿 5% 的分成就够了。你要多陪陪家人，亲情无价。我反正单身，忙一点也无所谓的。"

Peter 听后就像开窍了一样，马上答应了。于是他再也没为找鞋厂来过中国，我每次都帮他保质保量地出货，我和他之间的合作销售额从一开始的七八万美元增长到后来的 200 万美元。

再后来，我把他的订单交给业务员卡卡负责，我自己轻松了，卡卡的提成也增加了。

我的体会是，和客户合作时最重要的是赢得客户的信任和挖掘客户的需求。在陪客户折腾的过程中，如果我们有心，往往可以创造很多新的机会。

另外，在我开工厂时发现有个特别常见情况，你的工厂和外贸公司合作得好好的，突然国外的客户想跳过外贸公司直接找你的工厂合作。大部分工厂当然会直接同意合作，毕竟业务都送上门来了，自己不偷不抢，为什么要拒绝呢？但我觉得还是应该谨慎处理，否则一不小心就会影响自己的口碑。毕竟合作一旦出现问题，这件事就有可能在被添油加醋后传遍行业。

对此，我一般会分情况进行处理。

对于中小客户，我会婉拒，然后告知外贸公司，希望他们维护好那个客户，同时让业务员在行业里多宣传这件事，借机打造口碑。

对于大客户，我一般先礼貌接待，听他的诉求，建议他尊重行业规则。如果他的决心特别强，我就会去和外贸公司老板商量怎么办，一般外贸公司老板会让点价，想方设法留住客户。如果客户仍然想跳过外贸公司，那么我会放弃客户。

我宁愿少一个客户，也不愿少一个朋友。正因为这样，我的生意虽然做得不大，但做得稳，在我处于低谷时，朋友们都愿意信任我、帮助我。

05 新手开厂

无知者无畏

我从跟单入手，了解了足够多的产品知识后，很快就把业务做起来了，也算是稳扎稳打。由于当时公司规模小，营销费用有限，参加线下展会的话成本太高；线上入驻阿里巴巴国际站一开始就要 6 万元，费用也超出预算，所以我都放弃了。我所有的业务，除了来自黄总的老客户，其他都来自我的独立网站。当时应该是谷歌免费关键词的红利期，我的网站上几乎每天都有询盘。朋友帮我对网站进行优化后，来找我的客户变得非常精准，基本上每七八个询盘就能产生一个订单。这里说一条干货：关键词优化。现在我通过用这个方法，在抖音、小红书等平台也收获颇丰。

所谓关键词优化，就是做关键词组合。比如销售鞋子，鞋子有许多种，如果只在产品标题和产品文案中植入"鞋子"，那流量就是很宽泛的。我植入"雪地靴"（snow boots），流量就相对精准。但是大多数搜鞋子的人是零售端的买家，所以我设置的关键词是"snow boots China"（雪地靴，中国）、"snow boots China factory"（雪地靴，中国工厂）。我们进行关键词植入的时候，可以借助数据网站来分析出目标客户经常使用的关键词，这样才能占得先机。

现在人们的习惯正在悄然变化，喜欢用抖音、小红书等内容平台搜索产品的人越来越多。我现在在电商领域主要销售一些垂直小众的产品，在抖音和小红书会大量发布植入相关关键词的视频和图文笔记，每天都有源源不断的来自自然搜索的订单。

回到外贸这边，我吸引了非常多的国外客户。但是这些客户有一个问题，那就是他们的订单都不是特别大。他们一般只订购几百双鞋子，订单稍大一点的订购整柜——也就几千双鞋子，对于日产几千双鞋子的工厂来说，生产这些鞋子用不了两天，所以这些客户遭到了很多工厂的"嫌弃"。就算有工厂接单了，双方在合作过程中也经常会遇到产品质量问题、交期问题，而大多数工厂在这些问题的解决上往往非常不配合。

当时，我们在与工厂合作的过程中也遇到了不少麻烦。特别是遇到产品质量问题时，我们要和工厂掰扯半天，最终基本上都是我们自掏腰包赔付给客户。时间久了，大家都很憋屈。黄总也觉得这样下去不是办法，于是决定开工厂。他采取集资的模式，号召全公司的成员一起投资。因为当时大家都受着工厂的气，所以对此热情高涨。其中最积极的是我和跟单员胡磊，我甚至把杨潇也拉进来了。我们七拼八凑，一共凑了70

万元，以为可以把工厂轻松地开起来。其实现在看来，有一句话可以形容当时的我们，那就是"无知者无畏"。

　　现实中有许多像我们一样，在经营中遇到"店大欺客"情况的小老板，包括小外贸公司老板、小电商卖家。许多人一气之下就去开了工厂，最后赔得一无所有。如果没有两把刷子，我是强烈建议小老板不要去开工厂的。这主要是因为小老板开工厂人要面临以下六大问题。

　　第一，技术问题。外贸公司虽然对产品有一定了解，但是了解产品和生产产品差了十万八千里。虽然可以通过招聘人才解决技术问题，但是要请到行业内资深的老师傅非常难。就算将老师傅请来了，如果你自己在这一方面一窍不通，人家也有可能会忽悠你。

　　第二，管理问题。管理外贸公司和管理工厂完全是两码事。外贸公司可能只配备了几张桌子、几台电脑，设备没多少；员工都是大学毕业，素质相对较高。但是工厂完全不一样，厂房里面有各种原材料、辅料、机器设备，管理工厂不仅需要注意消防环保，还要注意生产安全。工厂工人的学历也相对较低，人员之间沟通难度大。特别是小工厂，由于利润低，没办法引进科学管理制度和高学历人才，只能采用胡萝卜加大棒的粗放式管理方式，这就导致各种糟心事层出不穷。

　　第三，精力问题。外贸公司如果既做业务又管工厂，往往是要失败的。传统劳动密集型企业很难请到职业经理人这样的人才，就算请到，如果不能为他提供高利润，就很难保证他全身心投入。我们这个行业中的小工厂，没有一家是通过职业经理人做起来的，老板基本上天天忙里忙外，像一只勤劳的小蜜蜂，真的很不容易。所以我们自己开了工厂后，就开始理解那些曾经"欺负"我们的工厂了。有时候不是人家存心怠慢我们，而是我们没法给人家带来足够多的利润，不值得人家花太多精力。

第四，资金问题。开工厂需要源源不断的投入，一般是先亏 3 年，好不容易等到赢利了，又需要将钱投入新产品及模具研发、厂房改造、设备升级等方面。特别是为了应对行情变化，我们要囤原材料，手头一直紧巴巴的。

第五，合规问题。开工厂需要和非常多的部门打交道，包括工商、环保、税务、消防、劳动等部门。工厂生产经营涉及方方面面，不合规的情况难免会出现，这时候需要和各部门打交道，面临各种整改，这也是非常消耗精力的。

按照我们当时的条件，贸然开工厂确实是死路一条。我们在开工厂前做了非常充分的准备，把未来可能会遇到的所有困难都想了一遍，但是我们实际遇到的困难比我们想象中的多 10 倍。

第六，订单问题。外贸公司和工厂不同，外贸公司可能只有几张桌子、几个人，即便订单少也能经营下去；而工厂如果开工率不高，那人员方面的支出、场地费用、管理费用将是一笔巨款，工厂撑不了多久。所以很多工厂老板年纪不大，但头发都白了，可以说是为订单少愁的。订单少时愁，订单多时也愁，做外贸尤其如此，不能按时交货会被国外客户索赔。

如果新手坚持要开工厂，我有以下建议。

第一，找靠谱的合伙人。"兄弟式合伙，仇人式散伙"的现象在制造业里屡见不鲜，因为一些人较为短视，会为了眼前利益发生争执。而内部矛盾对于处于成长期的小企业来说，伤害是巨大的。要想找个靠谱的合伙人，最好找行业资深从业者，他们有一定的资金和实力，心态平稳，眼光长远。切记，千万不要找短视的合伙人。

第二，聘请行业内资深的老师傅。人品第一位，技术第二位，千万别找喜欢频繁跳槽的人，这种人是巨大的隐患。我们厂幸运地从福建请到了老师傅林叔，他在厂里干到了退休，也给我们介绍了大量的人才和资源。

第三，聘请社交能力强的当地人参与管理。当地人可以帮你搞定许多当地的琐事，避免许多麻烦。

第四，谨慎投入。不要妄想一口吃成胖子，应从小规模做起，稳扎稳打。现在市场变化剧烈，盲目投入容易血本无归。我公司后期一直控制生产规模，利用自有工厂的优势以及外贸方面的人才优势，采用小工厂大贸易模式。实践证明，这算是一个比较稳的模式。

总之，在开工厂前期一定要谨慎，这样后期才能少走许多弯路。

06 一入工厂深似海

故事开始的地方

很多年轻人往往太天真，以为有了客户后，找个车间，买几台设备，请几个工人，就能开始生产了。只有投身其中才知道，开工厂时遇到的困难远超想象。我曾经把自己开工厂前期的过程写成小说，在我的微信公众号"风中的厂长"中以《土老板恩仇记》为题连载，大家有兴趣的话可以去看一下，在这里我只简单介绍一下相关内容。

我本是一个普通的打工人，因为被初恋女友提了分手，憋着一口气才有了奋斗的初始动力，想赚钱后出人头地。我一开始是做外贸业务的，老板欣赏我，给我机会做业务、赚提成。不到一年时间，我就从底薪只有3000元的跟单员，变成了月入过万元的业务员。那个时候，我的心态就变了。我不再纠结和前女友的那些过往，而是一门心思扑在工作上面。但我的工作经常会因为工厂的不配合而受阻，这让我心力交瘁。

所以当老板提出开工厂，号召大家入股时，我非常积极。

但我自己没钱，只能向家里求助，我妈把家里的所有积蓄——11万元全部给了我。全公司一共凑了70万元，其中黄总投了20万元，杨潇投了20万元，我投了11万元，胡磊投了10万元，负责财务和单证的3个女生各投了3万元。我们想着用这些钱付厂房租金和购买设备等应该够了，但我们还是太天真了。

我们找厂房时走了不少弯路，厂房不是租金太高就是位置太偏。最后为了省钱，我们找了临安山沟里的小厂房——周围交通非常不便，租金12万元一年。在购买了设备、装修了厂房后，我们就把钱花光了。到了2007年底，当准备开始生产的时候，我们却没钱买原材料。于是我们不得不二次融资，这一次，大家都拿不出钱来了。全公司的人都是普通人，而且这个要买房，那个要结婚、装修新房，老板还要供儿子出国留学，只有我孑然一身没什么负担，于是我只好又厚着脸皮去求我妈。

我妈也是心大，特别相信自己的儿子能成事，于是把一套占地60平方米的房子给卖了，为我凑了50万元，这样我的总投入变成了61万元，我一下子持有超过50%的股份，成了最大的股东。我当时对房子也没什么概念，哪里知道之后几年我国房地产会进入高速发展期，房价翻了七八倍。而一入工厂深似海，当时的我已经深陷其中。但如果要我再选一次，我依然会选择开工厂，因为那是我事业的起点，没有开工厂的这段经历，就没有我后面的故事了。

同许多中小工厂一样，我的工厂经历了以下 4 个阶段，我给大家详细介绍一下。

第一阶段：黑暗期，需要苦熬

从网上接的订单数量少、种类多，很难养活一家工厂。我们不得不到处拜访同行的外贸公司，像乞丐一样讨订单。我们接了许多不能让我们赚钱，甚至会让我们亏本的订单，就为了苟活。大多数工厂在这个阶段都会因没挺过去而倒闭。

我们在开工厂的第一年，也就是 2008 年，陷入了"订单荒"，人心涣散。大股东胡磊很快就撤了，但我和杨潇还在坚持。因为订单不稳定，生产时断时续，工人流失严重，我们这两个股东只能轮流上生产线和包装线，亲自打包发货。

那段日子里大家都在熬，很多人打起了退堂鼓。但是我没有退路了，我妈为了我把房子都卖了，我只能咬牙坚持。当时我每月只有 500 元工资作为基本生活费，眼看也要撑不下去了。就是在那个令人绝望的时刻，工厂迎来了转机。

在工厂濒临倒闭的时候，恰逢原材料的价格处于高位。为了谋求生存，我们以生产每双鞋亏损 2 元的价格，接了某英国客户的生产 17 万双鞋的订单，拿到了 30% 的定金。这个客户当时也没办法，所有的工厂都在涨价，与之合作的中间商只好来找我们这个小厂。

完成这个订单要 4 个月，我们收到定金以后就开始做样品确认和各种准备工作。谁知即将生产的时候，原材料的价格快速下跌。受国际金融危机影响，石油的价格从高位的 130 多美元 / 吨快速跌到了 30 多美元 / 吨，而鞋子的原材料——PVC 和 PU 都属于石油衍生物，价格跌了将近一半。最终交货时，我们从生产每双鞋亏损 2 元变成了赚 12 元。我们一下子赚了 200 多万元，工厂就这样起死回生了。

2009 年，这个英国客户觉得我们的产品质量不错，又订购了 70 多万双鞋。他怕原材料的价格波动，就把价格锁死了。然而这一年原材料的价格继续处于低位，我们生产每双鞋依然有近 10 元的利润。于是一年过后，工厂的账上有了近千万元的现金，这些都是纯利润！有了钱，有了订单，工人也稳定了，我们也培养出了一些不错的技术师傅，工厂算是侥幸度过了第一阶段。

第二阶段：发展期，顺应趋势

在工厂处于这个阶段时，我们有技术，有稳定的员工，也有钱入驻阿里巴巴国际站和中国制造网，在谷歌等搜索引擎上也投入了更多的资金，订单持续不断地产生，我们不会再遇到订单量大起大落、亏本养工人这种情况了。

　　因为手上还有一些现金，加上原先的车间太小和厂房租金上涨，我们当时就决定趁热打铁，买地盖厂房。

　　我们和杭州临安一个镇里新建的工业区的负责人谈好，打算买一块 25 亩的土地，并为此制定了计划书和可行性报告，完成了厂房设计规划等一系列工作。在我们准备和负责人签合同的时候，变数突然出现：某巨型汽车集团看中了整个工业区的 2000 亩土地，直接把整个工业区买下来了。突如其来的变化让我们措手不及，之前所有的计划都白做了。由于我们对大客户做了承诺，于是只能一边到处看工业用地，一边临时决定搬到杭州富阳，在交通便利的地方找了一间相对大的厂房进行过渡，打算在买下合适的工业用地后再搬。没想到这一过渡就是 3 年，其间又发生了巨大的变动。

　　2010 年 1 月 12 日对我来说意义重大，我和美国知名鞋类品牌 PW 在当日正式签约。那天早上风和日丽，我开着刚提的奔驰 GLK 300 飞驰在沪杭高速上，车上放着 Beyond 的《光辉岁月》。创业至今，我第一次这样意气风发。

　　熬过金融危机后，厂里的订单井喷式增长，还是毛头小子的我赚到了创业以来的第一桶金，也开始在行业里有了名气。

　　而在感情方面，我很快追到了新女友素素，但是我们相处不到两年就分手了。

　　2010 年 1 月 12 日那一天，我开车来到了上海长宁区红宝石路的 PW 上海办事处。经过过去一年的试单磨合，PW 对我们的产品十分满意，计划将年订单量增加 3 倍，并给了我一份价值 900 万美元的意向合同。有了这份合同，我的工厂就能满足进驻工业区的税收要求，我们公司就能拥有属于自己的厂房。想到这里我心花怒放，感觉快要走上人生巅峰。

PW 上海办事处很大，有整整两层办公楼，70 多位经验丰富的职员——负责 PW 每年在中国涉及近 5 亿美元的采购任务，还有 20 多名外派验货员常年驻厂管控产品质量，他们的产品主要销往北美。

经过一年的试单磨合，我对 PW 上海办事处的几位核心人物已经比较熟悉了。总负责人叫 Robert（罗伯特），他是一个 40 岁出头的褐发犹太人，眼神很犀利，掌握着 PW 中国区的采购大权。而他的得力助手 Jessica（杰西卡），相当于 PW 上海办事处的二把手，是一位 20 多岁的上海姑娘。

别看 Jessica 年纪小，做起事来非常干练果断。她扎着利落的马尾，妆容淡雅而精致，透出一种与年龄不相符的成熟。

过去一年中我们与 PW 设计部配合完美，加上我们掌握独门工艺，生产出的鞋子物美价廉，在北美市场供不应求，PW 决心大规模采购，于是采购总监 Steven（史蒂文）专程从纽约飞到上海与我敲定合作。

下午两点左右，Steven 和我签完合同后起身和我握手，我很知趣地向他告别。我懂外国人的那一套，越大的公司往往越不需要交际应酬，双方签完合同就可以结束会面了。然而这次的情况有点不同。

当我走到门口时，Jessica 在身后喊了我一声："小风！"我俩年龄差不多，她每次都这么叫我。"恭喜你拿下大单，晚上有空吗？ Robert 想请你吃饭庆祝一下。"Jessica 笑呵呵地看着我。

当时我受宠若惊，PW 上海办事处的总负责人请吃饭，这是多少同行盼都盼不来的，我当然是屁颠屁颠地答应了。

傍晚的时候，Jessica 开车来接我，我们去了外滩的一家餐厅，到那里时，Robert 已经在包厢里等着我们了。他把身边一个戴金丝眼镜的中年男子介绍给我，这个男子就是阿滔，那个后来几乎将我的事业全部毁掉的人。

阿滔简单介绍了一下自己，他是 Robert 的好朋友，从事鞋类验厂工作十几年，经验丰富，目前专门帮助 PW 对工厂进行风险评估。他语气诚恳，我对他没有一丝防备。

席间我们开了几瓶红酒，我在 Jessica 的鼓动下说了自己的创业史。他们欣赏的眼神、诚恳的夸赞，加上酒精的作用，让我有点忘乎所以，被他们套出了很多有关我运营工厂的核心方法，包括设备投入与产出、工艺要点、生产效率等。

酒兴正浓时，我还得意地告诉他们，我们自主研发的独门工艺不但能让产品的品质更好，还能让成本降低 20%，这就是我们的产品性价比高的关键。此时，我仿佛看到阿滔和 Robert 的眼里闪着贪婪的光芒，当时我却不以为意。

　　Robert 说，PW 对我们这次合作的项目相当重视。他表示自己作为采购办的负责人压力很大，同时欣赏我的年轻有为。我也明白他的意思，他觉得我厂作为新厂缺少经验，为了避免风险，他希望帮助我规范生产，要求我提供相关资料。对于他的要求，我爽快地答应了。

　　回去以后，我按照 Robert 的要求把包括原辅料供应商清单在内的资料全都通过邮件发给了 Jessica。

　　这些资料都是我厂的机密，按理说是不能给别人的。但 PW 是我最大的客户，我哪里会想到一家跨国公司的高管会打一个小厂的主意。

　　那时已经快过年了，当务之急是去工业区落实扩产，目前工厂的产能只够勉强"消化"PW 第一季度的订单，不扩产就意味着从第二季度起其他客户的订单全部要被延误。这些客户中的很多人都是在我创业初期就帮助过我的老朋友，我绝不能为了利益而失信于人。

　　我也明白，对于工厂而言，客户越多越稳定，我们不能把注全部押在一个大客户身上。

　　就在这个时候，镇政府突然传来消息，原本规划给我的占地 1 万多平方米的厂房，突然被批给了一家大型装备制造企业，他们要将整个工业区的标准厂房用作车间和仓库。我的建厂房梦瞬间化为泡影，但令我没想到的是，更可怕的事还在后面。

　　阿华是我厂里的技术一把手，是我一手提拔起来的，我俩情同手足。

　　我清楚地记得，我是在开工厂时的招工现场第一次见到阿华的。那时他蓬头垢面，他的老婆抱着刚出生的儿子，3 个人衣衫破旧、面色憔悴，让人心生怜悯。

　　他初来这里时，虽没文化，但特别肯吃苦，学习能力很强，很快熟悉了所有工艺流程。我见他如此上进且有潜力，便有心培养他。厂里请的老师傅林叔年轻时是福建数一数二的鞋面制版师，人很固执，我好说歹说，林叔才答应在退休前把绝活都传给阿华。

　　我对阿华很好，他老婆找不到工作，被我安排在了包装车间；我看他因为丢了手机心情不好，就给他买了一部新的；工厂前两年赚不到钱，我自己的伙食也很差，但他生病的时候，我专门买了鸡和甲鱼炖给他吃，当时他还感动哭了……

　　在两年多的时间里，阿华从工厂小工变成了技术一把手。他确实很有悟性，结合林叔的制鞋工艺和杨潇研发的新材料，开创了我厂独家的核心工艺。他做出来的鞋子看起来档次很高，成本却比同行的鞋子低 20%。我带着鞋样在美国最大的鞋展——Magic Show 上一炮而红，吸引了许多大牌买手的注意，其中就包括 PW。

　　2010 年 1 月中旬到 2 月底，厂里一直都在忙着生产 PW 订购的产品。除夕前一天，我还在厂里和几个留守的工人一起赶货。我记得那年春节刚好是情人节，我单身，有几个女孩约我，都被我拒绝了。其实我当时和素素分手不久，只想埋头工作，根本无心谈恋爱。

后来，PW派了资深验货员阿昌驻厂验货。阿昌虽然已经30岁了，但总是背着一个书包，像个单纯的大学生。后来事实证明，人不可貌相。

我那时还很单纯，不懂验货界的"潜规则"，这导致阿昌变着法子挑毛病，好在我们的产品品质好，他没办法占到便宜。好的伙食是我们对阿昌唯一的优待，于是他只能"化愤怒为食欲"。阿华天天开车带他到镇上的小饭馆吃饭，他专挑贵的菜点，一个多月时间就花了1万多元的伙食费。

春节过后，阿华向我请假，说他老家的亲戚装修房子，需要他帮几天忙。我当时没多想就批准了，谁知道他一走就是半个月。

当时最令我焦虑的事有两件：一是尽快完成PW的订单；二是由于建厂房的梦破灭，上半年其他客户的订单无法按时完成，我不得不一门心思找其他工厂合作。

这里我要吐槽一下有的小工厂。我周边许多小工厂的老板和我一直保持合作，我除了给他们订单，还经常帮助他们解决工艺问题。可那次他们听说我有许多订单来不及完成，居然不约而同地提价20%，贪婪和短视在他们身上表现得淋漓尽致。要知道，利润本身不到10%，如果他们提价20%，我将面临巨大损失。我好说歹说，几位老板才勉强答应提价15%。这样一来，我虽然会亏损，但总好过失信于客户。

在我奔波的同时，阿滔带着"验厂评估小组"来我厂里帮忙"规范生产"。我当时没多想，只觉得阿滔非常认真敬业，殊不知自己即将大难临头。

转眼 3 月来临，春未暖、花未开，江南依然寒冷，而我的心更冷。

阿华回来以后并没有异常，还是像往常一样。但阿华和阿昌其实早就暗中商量好了，一个管生产，一个管验货，配合得天衣无缝。现在看来，如果他们去演短剧，绝对可以赚大钱。

厂里的生产过程很顺利，PW 第一季度的订单生产逐渐进入尾声，但我觉得很奇怪，因为意向合同中价值 700 万美元的正式订单迟迟没有发过来。

我每次问 Jessica，她都说总部通知 4 月初确定。眼看着订单要接不上了，我开始后悔之前匆忙把其他客户近半年的订单转给了同行工厂。幸好我自己当时开了淘宝店，可以让工厂生产一些产品放到网上售卖。

3 月 28 日，我们终于完成了 PW 第一季度的订单。在最后一车货被拉走后，我听了阿华的建议，安排全厂停产放假 5 天，让大家休整一下，同时计划在 PW 的正式订单发过来之前为淘宝店和在阿里巴巴上接的外贸小单安排一下生产。

2010 年 4 月 2 日，那一天令我终生难忘。那是厂里停产放假的最后一天，我提前到厂里做一些准备工作。按照规定，此时工人应该全部到岗做产前准备了。我来到车间，却发现只有稀稀拉拉的几个人。

我以为自己记错了日子，又看了一遍墙上的公告板，确定大家就是今天报到。

我厂一共 90 多个人，我现场清点人数，发现只有 20 多个人，除了阿华，其他管理人员都到齐了。

大家也是一头雾水，我问了一圈，没人知道具体情况。我打电话给阿华，他的手机关机了。

我查了一下工人名单，发现缺勤的全是阿华的老乡，有一些是最早招工时和阿华一起进厂的，还有一些是这几年以来阿华陆续从老家带来的。

天真的我当时居然还松了一口气，以为阿华把他们聚到一起开会去了。

直到工人小陈告诉我，阿华应该不会回来了，因为假期的时候阿华邀请他去无锡的一家工厂，称那里的待遇比这里好很多，而且包吃包住，他以为阿华在开玩笑，便没把阿华的话当回事。

当时我的大脑一片空白，我把阿华当成兄弟，在厂里最信任的人就是他，无论如何我都想不到他会背叛我。

现在剩下的人连一条流水线都支撑不了，根本没法生产，我的工厂要彻底歇菜了。

后来我才知道，阿滔其实是上海一家贸易公司的老板，他和 Robert 一直有利益往来，他们早就盯上了我厂主打的工艺鞋，这种采用新材料生产的时装鞋不仅利润非常高，而且市场前景非常好，他们暗中谋划，在掌握相关核心技术后，由阿滔开厂生产这种鞋，打算将鞋高价卖给 PW。

阿涛在无锡租了一处厂房，很快便通过我提供的设备和工艺清单复制出一家和我厂一样的工厂。对阿涛来说，天时、地利都具备了，就差人和。

阿昌其实是 Robert 和阿滔的心腹，专门来我这里挖人。刚好阿华和阿昌是老乡，所以他们的"地下工作"进行得很顺利。

PW 第一季度的订单其实是诱饵，他们利用这段时间把我厂里的情况摸得一清二楚，将"策反"工作也做得很到位。

PW 的价值 900 万美元的意向合同并非正式合同，掌握采购大权的 Robert 可以随便找个借口说我厂不达标，从而轻松绕过总部，把正式订单交给阿滔。以上内容是阿昌离职后告诉我的，他因故被举报，Robert 认为他没有利用价值了，就借机开除了他。

那几天我真的差点被气到休克，没有睡过一夜好觉，经常做噩梦……

我拼命给阿华打电话，但他的手机一直关机。我到处打听这家无锡工厂的地址，但没人知道具体信息，他们的保密工作做得太好了。

我还天真地给 Jessica 打电话，向她道歉，称 PW 第二季度的订单可能无法按时完成了。她冷冰冰地表示，总部已经决定将价值 700 万美元的订单取消。后来我才知道，她也在阿滔的工厂入了股。

我的工厂不得不停产了，但我没有遣散工人。我创业 3 年，2009 年才赚到的第一桶金原本是打算用来买新厂房的，现在只好用来维持半死不活的工厂，好在付员工的基本工资和厂房租金还是绰绰有余的。

我反思了一下自己，总结了一些教训：第一，天上不会掉馅饼，不要轻易相信别人；第二，核心技术不能掌握在一个员工手里；第三，不要试图用感情去留住员工，老板和员工要把利益谈清楚。

经历了这一重大打击，工厂一时半会儿恢复不了生产，我索性选择放空几天。我每次心情不好就会去看海，于是这一次去了厦门。在鼓浪屿的渡船上，我走出船舱去甲板上透气时，突然看到一个清秀的女孩。她也是一个人，正靠着栏杆，海风吹动了她的长发。那一瞬间，我愣住了。

下了渡船以后，女孩消失在人海中。我若有所失地逛了半天，中午随便吃了碗沙茶面。下午岛上有海豚表演，表演地点是一个露天的阶梯剧场，我反正没事，就决定去看一看。我在剧场坐下以后，突然眼前一亮，原来那个女孩正坐在我的不远处。不知道为什么，我的心怦怦直跳。至于海豚表演了什么，我都没看到。

散场的时候，大家涌向台阶下的出口。剧场里的人很多，但我跟她挨得很近。突然她身后的一个老大爷没站稳，撞到了她，眼看她就要摔倒了，我一把抓住了她的胳膊。

一瞬间女孩惊慌失措，但她很快平复了心情，一个劲地向我致谢。她非常有气质，而且十分礼貌。我趁机和她聊了一会儿。她叫萌萌，也是杭州人，因为遇到一些不顺心的事情一个人来鼓浪屿散心。原来是老乡啊！我们相互留下联系方式，就分开了。我有预感，后面我和她一定会发生故事。

我回到杭州时，工厂差不多已经停工 10 来天了。停工期间，林叔和小陈帮我招到了一些工人，一条生产线已经可以启动了。后来，我通过之前跑工厂认识的"万事通"，找到了更多行业内的熟练工，慢慢启动了其他的生产线。

实话实说，"阿华事件"乍一看像灭顶之灾，但它带给我的更多是情感上的伤害，它对工厂本身的打击并没有想象中的那么大。

第三阶段：爆发期，容易失控

过去 20 多年里，国内的许多工厂在稳定发展几年以后，往往会因为某个机遇而突然爆发，比如遇到某个大客户，或者刚好遇到电商大发展。我的工厂陆陆续续获得了不少机遇，所以迎来多个爆发期。

　　首先，随着工厂规模的扩大，我经常参加各种展会，吸引了许多大客户来验厂。我利用自己的销售能力，谈下了不少大品牌的代工业务，让我厂的销售额翻了好几倍，远超黄总的外贸公司。黄总当时打算移民，主动提出把外贸公司卖给我。他对我有恩，所以无论他开什么价我都接受。最终我以300万元买下了外贸公司90%的股份。

　　黄总继续待在外贸公司做业务，他比较"佛系"，更喜欢获得稳定的收入。他觉得当老板压力太大，还是打工舒服。

　　而我呢，进入外贸行业短短几年，竟然名正言顺地同时成了一家外贸公司和一家工厂的老板，实现了最初的梦想。我顺势扩充了业务团队，这个团队就待在杭州的外贸公司，不仅负责给我的工厂拉单子，同时也负责外贸业务。这个团队非常优秀，后面我会给大家详细讲相关的故事。总之，我的工厂的业务爆发式增长，开始涉及更多品类。我不但将工厂的生产线增加到7条，还开了一家服装厂。

　　然后，机缘巧合之下，我接触到电商，借着当时淘宝的"东风"，开发了许多适合国内市场的鞋子，依托工厂完成了大量的淘宝订单，在行业内也有了一定的知名度。

　　接下来，我通过给知名品牌代工，接触到许多国外的设计师，有了原创开发的意识，开始尝试原创，自己开发，自己生产，没想到一炮而红。我开发的鞋子不仅曾在天猫上销量排名第一，还被许多当红明星穿过，在国外也很受欢迎。我开发的一款 skin 系列时尚鞋，在广交会上一炮而红，很多外国人在我的展位门口排队下单，我在一届广交会中能卖掉 100 多万双该系列鞋子。我还认识了许多国外大品牌，在众多鞋类同行的注视下出尽风头。

现在我回头看，发现越是风光的时候，越是充满危险。那段时间，许多潜在的风险已经开始萌芽了。

第四阶段：衰退期，总结规律

2010 年到 2016 年是我人生中最风光的时候，那时的我飘了，认为自己无所不能。因此当红利渐渐消退的时候，我没有及时改变方向，导致兵败如山倒，工厂也随之进入了衰退期。

由于在外贸和电商两个领域都很风光，我们被无数同行盯上，甚至帮我开发模具的工厂也被盯上了。我们的款式被大量抄袭，这导致我们陷入价格战。初期我还有精力应对，但令人意想不到的是，后来我被一些曾经被我帮助过的、与我亲近的人"背刺"，最终损失惨重。相关故事也涉及许多干货和知识点，我会在后面的篇幅中与大家详聊。

众所周知，大环境很重要。随着国际形势变化，贸易冲突越来越频繁，欧美国家开始向东南亚转移供应链，这些变化对每一个中小企业的影响都是非常大的。当时大多数企业都一门心思求发展，想买地、建更多厂房，却不知道行业有周期，企业也有周期，该扩张时扩张，该蛰伏时蛰伏，顺势而为非常重要。

此外，人心也是一个问题。我的工厂虽然规模不大，但是有人的地方就有江湖，工厂里渐渐还是有了小山头，一些人开始为了各自的利益争斗。一些有资历的老员工开始懈怠，不服从管理，工作效率明显下降。我也找这些老员工谈过话，得知他们很怀念以前一起奋斗的时候，现在他们有了更高的收入，买车买房了，却再也无法找回以前的那股干劲了。

我算是比较幸运的，当我还想继续发展的时候，我的工厂所在的富阳高桥工业园区因为产业升级需要接受拆迁改造。我临时把工厂搬到了附近的东洲工业园，但由于种种原因，最后无奈关闭鞋厂，把服装厂搬到了衢州龙游。

总体来说，我的工厂能熬到第四阶段，是因为具备天时、地利、人和；我身边许多工厂能开十几年以上，是因为赶上了好时候。现在很多工厂很难熬过第一阶段。所以还是那句话，开厂需谨慎，一入工厂深似海。

07 小工厂大贸易

轻装上阵会走得更远

当我的工厂的订单量逐渐稳定以后，熟练工多了，工厂的管理水平、工艺水平都提升了不少，口碑越来越好，客户越来越多。工厂通过了许多高标准的国际检验，有机会接一些如沃尔玛、Target 等大客户的订单，但在生产方面已经饱和了。这个时候我们来到了选择的十字路口：要么买地建厂房，扩大规模；要么索性放弃发展工厂，采用小工厂大贸易模式。

其实开工厂分两类情况：自己建厂房和租厂房。厂房租金每年都在涨，哪怕厂房租不出去，房东也不肯降价。因此，自己建厂房曾经被我视为迫在眉睫的任务。但是接连遇到几次挫折以后，我打了退堂鼓。

我先是跟杭州临安一个镇的工业区的负责人谈好了 25 亩地却被某汽车集团"截和"，接下来又跑了临安其他地方，以及湖州、嘉善、皖南、皖北等地。我发现在浙江买地的门槛很高，我很难与那些当地企业竞争；至于省外许多地方，由于人生地不熟，情况之复杂更是一言难尽。

辗转几次以后，我听说在北方许多县城中，工业用地的价格在我的承受范围之内，当地还有许多优惠政策，我听得心痒痒。2013年，我到了北方某县，当地负责招商的工作人员很热情，带我考察了工业区。当时我不仅做外贸做得风生水起，做电商也十分顺利，我随口说我的仓库每天发上千单快递。没想到有位年长的工作人员听了我的话后微微摇头，语重心长地说道："年轻人，还是要实在一点。电商，它就是一个'晃燕'！"我当时没听明白，"晃燕"是什么呀？后来一琢磨，我才意识到可能是这位工作人员有口音，"晃燕"应该是谎言的意思。这样一来，我对当地在招商方面的眼光也没信心了。

于是我改变策略，转向收购本身带厂房的企业。湖州某老板愿意把厂房连同公司一起卖给我，价格为1000多万元。当时我准备购入，但是那个老板提出了附加条件，让我做他的上门女婿。我当时已经有女朋友了，于是果断放弃了这件事。这一来一去，又耽误了不少时间。

那段时间，我还遇到了一个重大挫折，这要从我做了河北厂的股东说起。

2011年，我向北京某企业下单，让他们为我的外贸公司生产户外猎人靴。这种靴子和我厂生产的完全不一样，非常高端，但是生产成本奇高。其实南方的工厂也能生产这种靴子，但是品质和北京厂生产的有差距。外国客户坚持要北京厂生产的靴子，又把价格卡得很死。因为没有其他选择，我不得不咬牙接受北京厂的报价。

这家北京企业的业务员叫小刘，比我大两岁，他的业绩还不错，脑子也很灵活。在北京有了房子和户口以后，他就不想在这个企业继续干下去了，于是整天拉着车间技术师傅小马琢磨自己开厂的事。小马是河北人，他的老家不仅工业用地特别便宜，工人工资也相对较低。他俩脑子一热辞了职，没多久还真的把工厂开了起来。

当时我历经艰难，好不容易才把鞋厂经营起来。正当我春风得意的时候，我的建厂房梦却破灭了。这时候小刘向我抛出橄榄枝，邀请我入股河北厂，给我 10% 的股份，工厂专门给我的外贸公司生产户外猎人靴。他给我的报价很诱人，比北京厂低 20%。我咨询了黄总，他也鼓励我入股，于是我就接受了小刘的邀请。

可惜事与愿违，河北厂的发展远没有临安厂那么顺利。由于人生地不熟，工厂人员也不稳定，河北厂始终处于亏损状态，在苦苦支撑两年后倒闭了。在这个过程中，我也消耗了不少精力。

经历了这么多挫折，加上其间我攻读了 MBA，看了一些经营管理方面的书籍，我扩大临安厂规模的信心开始动摇。尽管我把工厂发展到具有一定规模，但是我发现工厂的利润是随着其规模的扩大而递减的。在管理学里，这叫作边际收益递减效应。

我恍然大悟：不能再扩大工厂的规模了！我也向一些同行老板请教过，但是他们中的大多数文化水平不高，很难和我有效地交流这件事，依然一门心思追求做大，不断地买地建厂房、购买设备，结局都不太好。

我当时还学会了算账。事实上，开厂几年，因为一直有利润，我都没有好好算过账，没想到一算吓一跳。

在业务步入正轨后初期，我厂只服务几个大客户，他们的订单的特点是产品量大、款式少，便于标准化生产。我厂一年的产量是 120 万双鞋，我基本上是像下面这样算账的。

一双鞋的出厂价差不多是 40 元。材料（面料、鞋底、鞋垫、鞋带等）费不超过 20 元，包装辅料（鞋盒、吊牌、拷贝纸、纸箱、胶带等）费不超过 5 元，水电费 1 元，员工（含管理人员）工资 6 元，房租 0.5 元，运费 0.5 元，增值税 1.5 元。

这么一算，生产一双鞋至少能赚 5 元，生产 120 万双鞋至少能赚 600 万元。哎呀，明明应该发财了啊，为什么我还会觉得艰难呢？

大多数人开厂都是像我这样算账的，只算看得见的明账，不算看不见的暗账。其实最可怕的是那些你想不到的成本，主要涉及以下几个方面。

1. 次品率

由于产品合格率取决于原材料的质量、工人的操作水平、设备的稳定性、管理人员的责任心，一旦相关环节出现问题，就会导致巨大损失。我们平时算次品率都是按 2% 算，但是实际操作中由于不同环节都会出问题，次品率往往会达到 20% 甚至更高。

2. 原材料的价格变动

每年原材料的价格都会有 10% ~ 20% 的变动，原材料的价格上涨就会导致利润变薄。很多人看到这里会说，原材料的价格下跌，你不就赚了吗？其实传统行业的客户精明得很，如果原材料的价格下跌，他就会第一时间找你压价，如果你不同意，他就与你的竞争对手合作；而原材料的价格上涨时，你想向大客户提价是很难的。

3. 验厂、验货和测试

大客户每年都要验厂十几次，我每次都要支付 1 万多元的咨询费，被验大货时还要负责验货员的各种开销。此外，还有测试的成本，一年下来至少有几十万元。

4. 各种意外

我们厂的生产事故我写过很多，大家可以在我的微博主页搜关键词"工伤"查看相关内容。而生产事故主要是操作不当引起的，因此必须给每一个员工做生产安全培训，不能抱有侥幸心理。此外，核心人员出现感情问题也容易导致生产中断，甚至一天就会产生 1 万多元的损失。

5. 账期问题

新工厂为了获得订单，一般都会同意客户提出的账期。一些老客户会拖欠部分货款，每年拖欠百八十万元也是常事，而你还得上门拜访他们，小心翼翼地讨要。尤其要注意老赖，在这个行业待久了很可能会遇到老赖卷款跑路的情况。我算比较幸运的了，十几年来遇到的老赖不多，但坏账损失加起来有500 多万元。

6. 赔款问题

导致这一问题的原因就多了，包括产品质量问题、交期问题，以及客户小题大做、恶意索赔。每年赔款问题都会导致十几万元甚至几十万元的损失。

7. 营销成本

我的营销成本是由工厂和外贸公司平摊的，分摊过后一年也有几十万元。

8. 设备维修及更新费

我每年不仅要在设备维修上花十几万元，还要花钱更新设备。我后面研发原创产品的时候，每年还要额外花上百万元开发�楦头。

另外要说的是，我在厂里只待了两年，后期是请人管理工厂，请的是有生产经验的厂长。但是做甩手掌柜的成本很高，因为自己的工厂就像一个孩子，做甩手掌柜相当于给孩子请了个保姆，虽然"保姆"是根据利润拿提成的，但他对"孩子"可能不如自己上心。

总体算下来，临安厂服务大客户的时候，拥有 5000 万元的产值，一年的净利润差不多有 200 多万元。后来厂子接淘宝单和服务小客户时，账面利润多了很多，但是产生了库存问题。这个库存问题几乎成了压垮我的最后一根稻草，我会在后面的文章中给大家详细介绍相关内容。

由于发现边际收益递减效应，加上对工厂的持续投入像个无底洞一样，我们开始转向"小工厂大贸易"。

2014 年，我跟随阿里巴巴的"橙功营"去深圳"寻梦"。"寻梦"其实就是外贸公司间的交流学习，阿里巴巴喜欢给各种活动起好听的名字。在"寻梦"期间，我拜访了许多深圳的外贸公司，这些外贸公司通常只有一家很小的工厂，但是销售额都非常高，因为他们把大部分订单外包，自己只负责一小部分订单，这种模式被称为"小工厂大贸易"。我深受启发，开工厂这么辛苦，投入高、风险大，为什么还要做大呢？再说了，我本就有一家外贸公司，为什么不借着工厂的名声把外贸业务做大？于是我回来以后，开始学习深圳的外贸公司，也着手采用小工厂大贸易模式。

采用小工厂大贸易模式的基础，是有一家工厂。因为许多国外客户都喜欢跳过中间商，直接找工厂下单，所以有一家工厂能够大大提高自己接单的成功率。对于接到的订单，你可以自己负责，也可以外包，灵活性很强。

采用小工厂大贸易模式的核心，是有一支高水平的业务团队。你需要借助业务团队，利用网络平台以及线下展会，广撒网、多接单，然后对接到的订单进行集中分配，决定哪些由自己负责，哪些需要外包。我当时做了一件非常重要的事情，那就是收购了黄总的外贸公司。

当时我虽然是工厂的老板，但是我的社保依然是由黄总的外贸公司缴纳的。在严格意义上，我依然是这家外贸公司的员工。考虑到我手上有不少客户，我的销售额也已经远超黄总，于是 2014 年，我用 300 万元买下了公司的大部分股份。当时公司的销售额是 800 多万美元，其中 80% 都源于我成交的订单。黄总报价 200 万元，我又加了 100 万元，因为他对我有栽培之恩。黄总继续任职公司的业务员，维护他的老客户，虽然后面基本不怎么来公司了，但是他的老客户仍是公司的资源，我为他专门配了一组跟单员和验货员。就这样他从老板变成了打工人，每年依然贡献着不少业绩，一直到今天还是这样。2024 年上半年，他的业绩是全公司最好的。

收购外贸公司以后，我根据阿里巴巴客户经理的建议，大刀阔斧地招兵买马。

慢慢地，我也有了自己的"铁军"。我把业务员分成几个小组，前期我付出大量的精力培训他们，后期他们爆发出惊人的战斗力。至于如何选择、培训员工，以及实施激励制度，我会在后面的内容中给大家详细介绍。

有了"铁军"的助力，我很快就在细分的注塑鞋和硫化鞋行业小有名气，一些之前对我爱搭不理的大厂也开始主动上门拜访我，争着给我打样，与我协商账期。不久，我的外贸公司的销售额突破了2000万美元。这是我以前不敢想象的成就，但我真的达成时却感到十分淡然。因为此刻我的更多利润来自另一个领域：电商。

08 业务员培训

任何高手，都是从新手开始的

我与许多大型外贸公司合作过，其中一些公司没有系统的新人培训，就靠"老带新"，但有些老师傅不愿意带新人，担心"教会徒弟，饿死师傅"，这使得很多新人只能自己摸索，进步得很慢。不过在这种公司里，由于核心业务掌握在老业务员手中，许多成熟、有想法的老业务员在 35 ~ 40 岁时，会带着客户出去单干。

与之不同，在小公司，特别是出来单干的业务员开的小公司里，老板往往喜欢把业务掌握在自己手里，只会简单地培训业务员。业务员相当于客服和跟单员，手里没有直接认识的客户。他们一个人干两个人的活，收入也相对高一些。业务多的话，他们一年的收入能有 20 万元左右。

我是业务员出身，有自己的工厂，在培训业务员方面有一套自己的方法论，也比较有经验，并且受到阿里巴巴的影响，用人不疑，疑人不用。我采用的是比较系统的培训方法，具体如下。

第一，让新人去工厂学习。主要学产品知识，包括产品的种类、生产流程、工艺、材料、包装等。

第二，跟单锻炼。我会让跟单员带着新人跟几单，让新人熟悉下单后的各个环节，包括确认样品、制作生产单、下单给工厂、跟踪进度、安排出货，顺便学习一下单证知识。

第三，了解市场。我会做一个PPT，把新人聚在会议室里，亲自培训他们两天。培训内容涉及产品特点、市场特点，包括气候、消费者行为习惯，以及客户类型，如品牌商、批发商、卖场零售商的区别等。

第四，邮件回复和销售。我们每天都会收到大量的邮件，我会挑一些让新人来回复，我在旁边纠错，指导他们用接地气的语言和外国人沟通，在这个过程中尽可能多地教他们销售技巧。

第五，平台锻炼。我会为每个新人分配一个阿里巴巴国际站子账号和一个1688账号，让他们慢慢熟悉操作，并对他们进行一对一的指导。

第六，拍摄和修图。新人需要学会影棚拍摄技巧，熟练使用单反相机或者微单相机的手动模式，把快门、光圈、感光度搞明白，还要会用闪光灯。

我是请电商部门的美工来教新人修图的，新人要学会用钢笔工具、液化工具、调色工具、橡皮图章等，掌握外贸修图必备技能。业务员会修图，能省很多打样费和国际快递费。从 2024 年开始，我还让所有业务员都学会了视频剪辑。

第七，展会锻炼。我会花钱争取最好的展位，让新人跟大量国外客户交流，从而锻炼他们的能力。

接受了以上培训的业务员，基本上可以超越大多数同行了。但是从老板的角度看，这样培训业务员有风险，那就是你把看家本领都教给业务员了，万一业务员跳槽，他将会成为很大的威胁。我算是幸运的，我给业务员的提成很高，他们个个都买了车和房，业务团队稳定了整整 7 年，直到我的鞋厂因为不可抗力关闭，他们才开始逐渐自立门户。

09 组建团队

如何从无到有，打造金牌团队

每个企业都有自己的团队，其规模或大或小，人数或多或少，有的非常有凝聚力，有的却如同一盘散沙。我曾经的外贸团队虽然说不上完美，但确实是我人生篇章中非常精彩的一页。在我看来，要想打造优秀的团队，可以从以下几个方面入手。

选材——成功的基础

曾经有位老板带团队来我公司考察，我在介绍相关知识的时候，老板求知若渴，但其他人却因为觉得无聊玩起了手机。这样的团队是肯定不行的。

招人讲究宁缺毋滥，我招人的标准是：学历不高没关系，但人品要过得去；有一点野心没关系，但要和我共赢；最重要的是要有上进心。

对于业务员，我要么招像一张白纸的应届毕业生，让他快速通过培训成长，要么就招本行业中有经验的人。对于那种工作了几年但不是本行业出身的人，我一般不考虑，因为他已经形成了自己的工作习惯，有自己的舒适区，让他跨行重新适应可能很难。

对于电商运营人员，我会招在天猫有两年以上从业经验的，然后问他一些问题，看看他有没有数据和成本思维、视觉和营销思维。

试用——要学会筛选

很多人的简历很好看，但实际能力要通过检验才知道。所以，如果一个人通过了面试，我会为他设置 3 个月的试用期，其间重点观察他在以下几个方面的表现。

第一，积极性和执行力。多安排工作给他，以便充分观察他的积极性和执行力。

第二，学习主动性。给他安排一些小型培训，比如将他送去厂里学习一周，或者给他一些资料，事后再考他，以此判断他是主动学习型的人还是被动学习型的人。

第三，责任心。做一些小测试，看他有没有责任心。对于电商运营人员，我有时会在一些地方故意留个漏洞，看他如何处理；对于业务员，我会看一些细节，比如他是否会帮公司节省成本，是否会帮助小组成员解决问题，等等。

第四，人品。其实考察人品比较简单，看看他有没有底线就可以了。大家注意，这里的"人品"不是指忠诚度。老板和员工是雇用关系，不是主仆关系。

此外，面试的时候可以笼统地问他一些问题，比如有没有相关工作经验之类的，这样在试用期就可以发现他有没有撒谎或夸大其词。

培训——员工成才的关键

通过试用期，员工将进入正式培训阶段。培训的目的是帮助员工掌握技能、融入集体、提升效率和认同企业价值观，其中最重要的是融入集体和提升效率。

不论是做外贸还是做电商，都是需要团队协作的，不能单打独斗。如果你招到很厉害的人才，应使他尽快融入集体，让他把"我"变成"我们"。

与此同时，效率不容忽视。员工低效会导致老板陷入事事参与的困境，而培训有助于提升员工的效率、解放老板，促进企业的发展。

此外，员工和老板至少要做到目标一致，比如一起赚钱、分钱。有些企业还会做问卷调查，以此评估员工和自己的价值观是否一致。比如，让员工围绕网络上的热门话题谈谈自己的看法，如果发现员工持非黑即白的观点或仇视某个群体，说明其价值观已经被网络上的不良风气给带偏了。

激励——我要的是一支"军队"

激励是提升团队战斗力的核心，这是我从阿里巴巴团队那里学来的。我测试过，我一个人累死累活，一年最多做 2000 万元的业务，赚 200 万元；我招 10 个业务员，他们哪怕能力只有我的一半，一年也能做 1 亿元的业务，帮我赚 1000 万元，我就算分他们 500 万元，我也还有 500 万元。不仅如此，招业务员之后，我还更轻松了。同时，因为业务量大幅提升，我在供应商那边也更有话语权了。

在个人激励方面，我会将实际外贸利润的 20% ~ 30% 奖励给员工，负责电商业务的员工可将销售额的 1% ~ 3% 作为奖励。这是远远高于行业平均水平的。

除了个人激励，我还重视团队激励，目的是让大家更好地协作。团队激励的方式以发现金为主，之前我试过奖励大家免费旅游，效果不是很好。后来，我设置了一个销售目标，团队实现目标以后可以获得额外的奖励。在市场增长期，销售目标是阶梯式增长的，这样有助于更好地激励大家。在市场波动期，我会适当降低销售目标，保证销售目标是可实现的。

我以前完全靠金钱激励员工，这帮助了公司在 7 年中实现高速发展，但是后来我发现了两个问题。首先，有的员工本身家庭条件还可以，不再追求单纯的金钱奖励。其次，"95后"十分看重工作氛围。所以我开始做一些人性化的改变，取消了一些喊口号的环节和 PK 的制度。

制定游戏规则——让大家一起玩

　　游戏规则，对内其实就是管理模式，对外则可以说成商业模式。在这里，我只说对内的方面，在好的游戏规则下，大家可以一起开心地玩耍、分钱；而在坏的游戏规则下，大家会偷懒、推脱责任。

　　其实制定游戏规则的目的是提高团队效率，形成一条能够自动生产的流水线。这要求各环节分工明确，确保"放入面粉、产出面包"。这一点在拥有许多年轻人的公司中十分明显，比如亚马逊、许多短视频公司、电商代运营公司，他们完全采用流水线生产，这跟我的工厂生产鞋子一样。

　　每个非制造业的老板，也要在脑袋里构思游戏规则（或者把公司的管理模式转换为思维导图，化繁为简），自己最多只参与一个环节，或者索性不参与。老板不要事事都参与，否则绝对会导致低效。

优化制度——人性化的变通

没有规矩，不成方圆。但是许多年轻人不喜欢被过度约束，这是很矛盾的。所以现在我制定新制度时会增加人性化的内容，更追求结果导向，并放宽其他方面的限制。比如，在考勤方面我会考虑一些由家庭原因导致正常考勤困难的员工，在确保人性化的同时实行规矩，以免管理失控。

我们这样的小公司，没必要像大公司那样追求纪律森严。比如，黄总把公司卖给我以后成了业务员，但我不可能按普通员工的标准去要求他，他可以灵活安排上班时间，甚至不来上班都没关系。这种模式保持了这么多年，他的业绩始终稳定。

下面分享一下我对公司制度进行的优化。

考勤制度

实行弹性工作制：不同于采用传统的朝九晚五模式，我设置了一个核心工作时间段，比如上午 10 点到下午 4 点全体员工必须在岗，其余时间员工可以根据自身情况安排工作，只要保证每周的工作时长达标就行。这样能照顾到有特殊情况的员工，如需要接送孩子的员工。

简化考勤方式：只配备进行人脸识别的打卡设备，取消了定位打卡等考勤流程，减少了设备投入和管理成本。

休假制度

灵活调休：对于加班后的调休，不设置严格的调休期限，员工可以根据工作进度和个人安排，在业务不忙的时候申请调休。

合并假期：允许员工将一些短期假期，如每月享有的半天带薪事假等，合并成较长的假期来处理个人事务。

财务制度

简化报销流程：对于金额较小的日常报销，适当简化审批环节。比如，一定额度内（如 500 元以下）的报销，只需要部门主管批准就行。

灵活分配预算：根据项目实际推进情况和收益，及时调整预算分配。比如，如果一个市场推广项目在初期实施效果很好，就可以适当增加预算投入，以获取更多收益。

培训制度

以内部培训为主：由于资金有限，小公司可以多开展内部培训。例如，让经验丰富的老员工分享工作经验，或者组织员工进行内部的案例讨论，以提升员工的技能。

利用在线培训资源：利用免费或低成本的在线培训资源，如行业专家的线上公开课，让员工根据自身岗位需求和时间安排自主学习。

重视核心人物——为公司保驾护航

销售团队负责人、运营总监、人事经理等都是公司的核心人物。老板不可能面面俱到，所以核心人物必须及时向老板反映真实情况，而不是报喜不报忧。这是我总结过去的经历得到的教训：公司曾出现"办公室政治"，由于没人告诉我，我后知后觉，最后导致员工流失。

很多公司都有一些"卷王"，他们在工作中比较努力，被老板欣赏，但同时因此成为部分同事眼里的异类。这种情况我也遇到过。一位离职员工告诉我，她是因为受某老员工的排挤而离开的。她是很努力的员工，我经常当众夸她，没想到这成了导火线。

后来我才知道，聪明的老板会跟努力上进的员工保持距离。所以我后面都是私下奖励优秀员工，不让其他人知道。

另外，我们也要意识到普通员工的重要性，不能因为核心人物优秀就忽略普通员工的感受。一个公司要实现发展，不能只靠少数精兵强将，也要靠大多数普通员工组成的基本盘。

职场人士分为 3 类

我经营公司多年，经历了多次人员流动后，总结出一个模型——LFF。**我把职场人士分为 3 类，他们分别是领导者（Leader）、战斗员（Fighter）、跟随者（Follower）。**

领导者的业务能力不一定是最强的，但他们很有想法，善于管理、调动别人。战斗员喜欢做业务，能从取得业绩中获得快感，但是不一定适合领军。我曾经把销售冠军提升到销售主管，让她带领下属，她十分不适应，表示还是喜欢做销售工作。如果一个战斗员具备领导能力，那他早晚能成为领导者。跟随者往往习惯于接收和执行指令，能将老板的想法落地。

过去我的外贸公司和工厂一共有 200 多个人，管理混乱的情况持续了好几年。这主要是因为我没搞明白每个人适合的岗位是不同的，不能把对的人放在了错误的位置上。后来我慢慢学会了换位思考，终于在这一方面开窍了。

10 人员管理和激励
激发热情，才能拥有长久动力

激励制度

很多老板希望员工努力、有干劲，但又不舍得为员工投入，比如在员工的业绩提升时想方设法地降低提成，这实在是大忌。我认为，除非你的产品有很高的技术含量，依靠几个客服就能推动销售，否则你一定要给予员工高额提成并且信守承诺。你要善于分钱，这样公司才能发展壮大。

我的外贸公司之所以能在 7 年间实现高速发展，很大程度上是因为我设计了一套非常有效的激励制度，以此激发了业务员的斗志。

请大家注意，我这套制度的激励力度比较大，这是由于我的公司主打原创设计，产品由工厂自产自销，毛利率比较高。大家在参考的时候，建议结合自身情况调整，以免适得其反。

以下是这套激励制度的具体内容。

为规范公司市场销售管理，促进市场部销售团队的文化建设与发展，更好地完善及明确有关销售人员的各项激励制度，提高销售人员的工作效率、主动性、积极性，激发销售热情，凝聚团队力量，增强员工归属感，公司领导经共同商讨，决定了以下市场销售激励方案，通过了以下决议。

1. 个人奖励类

（1）所有业务员根据利润获得提成，具体提成比例详见业务员提成方案（见后文）。

（2）如果客户原属业务总监，由业务总监转移给业务员，业务员成交订单的，提成的分配比例详见业务员提成方案。

（3）业务员（业务总监除外）荣获季度销售冠军，且达成季度销售目标（不能低于上季度）的，公司额外奖励该业务员1万元。

（4）业务员入职后完成一个价值超过20万元的新客户订单，公司额外奖励5000元。

（5）业务总监的奖金是全团队年利润的5%。

备注：

（1）业务员的提成以实际收款标准进行计算。

（2）对于每个客户，需在签合同前明确其归属关系，制表管理。比如，对于A订单客户，需在客户订单管理系统里面明确相关内容，举例如下。

A 订单客户属于业务总监 Y，还未转移，则写：业务所有人为 Y，业务员为 Y，跟单员为 G。

A 订单客户由 Y 转移给 W 后，则写：业务所有人为 Y，业务员为 W，跟单员为 G。

A 订单客户由 Z 自行开发时，则写：业务所有人为 Z，业务员为 Z，跟单员为 G。

（3）统计时，将美元按结算汇率全部折合成人民币，按照月末的汇率统一计算。

2. 团队奖惩类

（1）针对常规出错（涵盖合同、生产明细、样品单、发货时间、体积、毛净重、客户资料等方面），由当事人或团队负责人上报给财务总监。

每次出错罚款 200 元，出错不报事后发现的，罚款 500 元，罚款金额由当事人承担。

针对严重错误（如将生产明细、产品数量弄错导致赔款的），除降低提成外，视情况追加罚款。

（2）团队月度销售业绩超过 400 万元，奖励 1 万元（如无特殊原因，奖金由团队负责人分配给每位成员及跟单员、单证员）。

（3）团队月度销售业绩达 800 万元，奖励 2 万元（如无特殊原因，奖金由团队负责人分配给每位成员及跟单员、单证员）。

（4）团队月度销售业绩达 1000 万元，奖励 3 万元（如无特殊原因，奖金由团队负责人分配给每位成员及跟单员、单证员）。

（5）团队错报月度销售业绩，经核对后被发现，取消奖励。
…………

我们把业务员分为客户所有人、客户操作人、跟单 3 个类别。

接到订单并成功操作的业务员，为客户所有人。

一般来说，客户所有人和客户操作人是同一个人，而客户所有人忙不过来的时候，可以将客户转移给别的客户操作人（新业务员或跟单员），二者共享提成。这有利于能力强的业务员多接客户，同时根据个人意愿将客户转移给新业务员。这样一来，哪怕客户很多，他们也能工作得很轻松，而新业务员能有更多机会练手。

跟单员负责对接工厂、跟踪进度、安排验货、发货。

业务员的提成方案如下。

1. 工厂自产产品提成方案

（1）销售额 – 提成考核价＝毛净利。业务员的提成为毛净利的30%（客户所有人享有20%，客户操作人享有10%），跟单的人提成为毛净利的6%。

（2）人民币销售价＝美元销售价 × 汇率＋退税。其中汇率为收款当日国家外汇管理局公布的人民币汇率中间价。

（3）收到全款后计算提成。

（4）对于产品数量少于500件并且需要报关的外贸订单，每单增加1000元的费用。

（5）原则上产品报价不得低于参考低价，如有特殊原因，须跟老板沟通。

（6）如无特殊原因，原材料成本每半年调整一次。

（7）如果产品报价低于成本价，须书面提出下调成本价申请，若未被批准，则计亏损。

2. 工厂外加工及贸易公司提成方案

（1）提成为毛净利的18%（客户所有人享有10%，客户操作人享有5%，跟单员享有3%）。

（2）毛净利的计算方式：毛净利＝产品售价 – 成本（包括产品采购成本、运杂费、报关出口成本）– 公摊费用。

工厂外加工的童鞋公摊费用为每双0.5元，女鞋公摊费用为每双1元，贸易公司的童鞋公摊费用为每双1元，女鞋公摊费用每双 1.5 元。

⋯⋯⋯⋯

工厂外加工的意思是：以人民币结算的，自己厂销售非自己厂生产的产品。

在这套激励制度下，我的公司里曾经群星闪耀。以业务员为例，我把他们分成 3 个队——"战狼队""海峰队""凌云队"，整整 7 年，其中任何一队都一直是行业里十分优秀的团队。虽然后来他们都辞职去创业了，但是都曾在我的公司里干了 7 年，这在行业里也算是比较久的了，所以我认为这套制度还是比较成功的。此外，后来我入股了他们开的公司，每年都有一些分红，我们也算分家不分手吧。

几位优秀的业务员的故事

故事一：小琴和小玲

2013 年，我去深圳学习以后，回来组建了销售团队，同时新招了 5 个业务员。其中有两个湖南妹子，一个叫小琴，24 岁，因为父母在杭州九堡某服装厂当工人，作为独生女的她本科毕业后就来到了父母身边。

第一次见到小琴的时候，我就特别欣赏她。她漂亮、自信，非常善于表达，气质很好。我觉得她天生就是做销售人员的料。

另一个叫小玲，27岁，大专学历，有一个姐姐和一个弟弟，最初在某集团位于江西的分公司工作，辞职后创业开淘宝店，亏光以后来杭州找工作。她说话有口音，说英文时经常会把 N 和 L 搞混。说实话，一开始我对她并不是很看好。

新业务员一进公司，我就让他们参加阿里巴巴的外贸培训营。短短几天时间里，令我印象最深刻的是，两个湖南妹子的表现是班里最优异的，特别是小琴，她当时感冒得很严重，但她坚持带病参加培训营，还获得了好成绩。

他们从培训营回来以后，我又向他们传授产品知识。我参考深圳的那些外贸公司，设计了很高的提成比例，加上公司里都是年轻人，氛围很好，大家都很有积极性。

我还给每个新业务员配备了一台笔记本电脑，因为他们经常需要在晚上和客户沟通，免不了在家工作。没想到这引发了一个小插曲。

在我给新业务员发笔记本电脑的第二天，小琴被父母关在了家里。她在电话里向我哭诉，说父母不让她来上班，因为他们认为我的公司是诈骗公司。

我一听急坏了，马上向小琴要了地址，开车去了她家，想当面跟她父母解释。她就住在父母打工的厂边上，一进她家，我就惊呆了。这是一间破旧的平房，里面摆着两张简陋的床，床上的棉被被缝补过……这些和眼前这个气质不错的女孩形成了巨大的反差。

接下来发生的事情更是让人哭笑不得。小琴的母亲认为我的公司是诈骗公司，不然我怎么会给入职不久的员工发笔记本电脑。我拼命解释，说我的公司是正规的外贸公司，在阿里巴巴国际站上销售产品。可是，她的母亲并不相信我的话。

这时，小琴的父亲对我说："我们家就这一个女儿，我们希望她找一份可靠的工作。"

小琴在一旁不停地抹眼泪，和我说"对不起"——她要放弃这份工作了。我知道无法挽回她，非常痛心，因为这样的员工可以说是百里挑一，我以后可能很难再遇到了。

面对冰冷的现实，我心灰意冷地离开了。

之后，就在我为失去小琴这样的员工感到失落时，曾经不被我看好的小玲却让我看到了希望。

小玲特别刻苦。我的公司没有加班制度，但我经常在下班后回公司拿遗忘的东西时看到她一个人在加班。

她下班后还经常发微信向我请教业务上的各种问题，我们一起利用晚上的时间拿下了很多客户。

小玲的情商很高，别的业务员由于异地办公的原因，经常和工厂产生一些小矛盾，但她总能合理地协调各种关系，所以工厂都十分愿意配合她。

入职第一年，小玲的收入是 10 万元出头，第二年是 20 多万元，2017 年是 39 万元，2018 年是近 50 万元。

2013 年至 2018 年这几年里，她除了工作，还完成了很多人生大事，包括恋爱、结婚、生子、买车、买房……

看着小玲的收入逐年增长，生活充实美满，我从心底里替她高兴。

故事二："学渣"也有春天

我的公司里最"懒"的业务员是"胖子"，他是我的同学，不会说英语，从小成绩就很差，上高中时进了一所技校。因为他爱打游戏，我读大学期间带他一起学了与影视动画相关的知识。之后他去了北京，在游戏公司工作了几年，但发展平平。后来因为我的事业发展得不错，他索性回杭州投奔我。

我对胖子是又爱又恨的。像他这样好吃懒做的业务员，我之前从没见过。他从不拜访客户，却会为了吃一只土鸡驱车几十里。但偏偏他是一员福将，不努力但业绩不错，这让我们许多人都很"羡慕嫉妒恨"！

胖子的第一桶金来得很"奇葩"。某一年夏天的一个晚上，他在外面吃烧烤时接到了一个说话带有口音的人打来的电话。那人说自己从网上找到了我们，想从我们这里采购工作服。胖子本来就对有人打扰他吃烧烤感到不爽，加上听到对方有很重的口音，以为对方是骗子，就随口向对方报了一个很高的价格。谁知那人接受了胖子的报价，更出人意料的是，他竟是美国某知名连锁超市的采购总监，后来每年下十几万套高档工作服的订单给我们，胖子每年光靠这些订单带来的提成就过得很滋润了。

胖子最大的客户是某跨境电商公司的老板，说到这里，我不得不佩服他的眼光。2018年，这个公司的老板来我厂。那人背着书包、戴着眼镜，其他人都对这个学生模样的年轻人不以为意，唯独胖子和他聊了很久，并且得知他是亚马逊卖家。胖子也许发现了这个客户的潜在价值，于是对他非常上心。这个客户与我厂合作的第一年订购了2000件钓鱼服，第二年订购了2万件，2020年后订购量呈几何级增长，到了2022年，订购量已经高达20万件，他成为我厂第一大客户。胖子将这个客户维护得很好，仅靠服务他所得的提成就相当高。在合作过程中，他们处成了兄弟，其他公司根本不可能将这个客户挖走。

遗憾的是后来他离职了。有几次他早退被我在电梯口撞见，我不留情面地批评了他，他对此耿耿于怀。我的鞋厂关闭以后，公司副总打算创业，就拉着他一起离开了。离开的时候他才告诉我，不想再给我打工了，主要是因为我在电梯口批评了他好几次，伤了他的自尊。

故事三："拆迁户"副总

他是我招的第一个业务员，叫阿欢，也是杭州人，以前是某外企的医药代表，本身销售能力很强，后来从内销领域转到外贸领域，是我手把手教出来的第一个徒弟。

在小玲来之前，阿欢一直是销售亚军，业绩仅次于我。虽然是销售人员出身，但是阿欢足够内敛沉稳，我非常器重他。我还带他一起读了 MBA，之后让他担任公司副总。

后来阿欢家里拆迁，拆迁款达上千万元。但他不仅投资失败，还买了一套烂尾楼，拆迁款差不多都被他折腾光了，他的老婆也和他离了婚。这使他的心态发生了巨大变化，他不再满足于打工所得的固定收入。

2020 年初，由于我的鞋厂关闭，我的外贸公司失去了采用小工厂大贸易模式的基础。考虑到公司的现状，阿欢索性拉着小玲和胖子去创业了。因为念及旧情，他们将新公司 30% 的股份赠送给了我，每年我还能分点红。

有一说一，阿欢带着两名核心业务员离职对我的打击非常大，毕竟我在他们身上花了巨大的精力。他们就这样说走就走，也太狠心了吧！我为此连续失眠了好几天。后来仔细想想，我自己确实也有问题。当时我一门心思做电商，对外贸的投入减少，而且我也没能将鞋厂保住，这让他们逐渐对公司失去了信心。

故事四："男神"杨潇

杨潇长得非常帅，身高 183 厘米，剑眉星目，脸部轮廓就像雕刻出来的一样，棱角分明，许多女孩子见了他都忍不住惊叫。就这样一个"男神"，未来完全可以靠脸吃饭，竟然选择和我一起开工厂。

他是最早陪伴我创业的，也是我厂的第二大股东。2007年，他放弃了在阿里巴巴的工作，选择和我一起开工厂。后来阿里巴巴上市，他错失了巨大的收益，却没有说一句后悔的话。我们开工厂以后，因为工人不足经常上流水线，因两班倒而筋疲力尽。后来工厂濒临倒闭，我遭遇众叛亲离，只剩下他还陪在我身边。其实当时他的情绪很低落，他也打算放弃。但我还是找机会向他表达了我希望他再坚持一年的诉求，他答应了。没想到半年后形势好转，工厂全面翻身。

所以我对杨潇始终怀着感激和愧疚之情。后期他作为我的合伙人、工厂的大股东，工作相对轻松，每年的收入也很可观。

当时我的公司的业务分为内销和外销，所谓的内销其实也是出口，只是面向的不是外国人，而是使用人民币结算的外贸公司。杨潇管理整个内销部门，通常不用亲自营销，只需要指挥一下下属就可以了。他喜欢去工厂，研究工艺、配方等。他还经常泼我冷水，我每次意气风发地想实施新项目时，我的热情都会被他的一盆冷水浇灭。

我的公司里流传着一个"5年论"，这就源于杨潇。2008年，我们刚开工厂的时候遇到很多挑战，订单时有时无。杨潇就向我泼冷水，说："鞋类外贸其实是个夕阳行业，撑不过5

年。"当时我受到的打击还挺大的，但我并没有因此放弃。

到了 2010 年，我们的生意一下子好得不得了。在一次聚餐中，杨潇当着几个同事的面又说了类似的话："现在的行情是'回光返照'，这个行业撑不过 5 年。"当时我很生气，他分明是在扰乱军心啊！好在他话锋一转："但是，我们可以想办法转型……"因为他看上去比较懂经济，我有点相信他的话了。

到了 2012 年，杨潇又跟我说："我们要尽快转型，这个行业撑不过 5 年。"这时我开始焦虑了，因为这几年行业内不断有新工厂涌现，竞争越来越激烈，利润越来越薄。

我把"5 年论"告诉了当时的女朋友，她又将这一观点告诉了她的父母。她的父母也赞同我找其他出路，最好是找一份稳定的工作。但跨行谈何容易，我只能硬着头皮继续干，其间还走了两步重要的棋：培养业务团队，自己离开销售一线；发展电商。

此后的几年里，公司经历了起起落落，但总体还算发展得比较平稳。而在公司内部，杨潇的"5 年论"已经变成一个"梗"了，大家不时会提起它，但没人觉得它好笑，而是将它当成了警钟。所以 2020 年工厂关闭导致人员大量流失、公司遇到巨大危机的时候，我们的心态没有"崩"。后来我们重整旗鼓，慢慢恢复了元气。

11 玩转外贸展会

那里是商机"最前线"，机会无处不在

虽然现在流行线上营销，但是对于绝大多数传统外贸人来说，获得订单的渠道都是线下展会。这是毋庸置疑的。我的公司虽然早期利用搜索引擎和 1688 网站获得了一些客户，但是真正促使公司业务飞速发展的，都是通过线下展会获取的大客户。

我主要做鞋类外贸业务，所以我几乎参加过全球各大鞋展，其中包括德国杜塞尔多夫国际鞋展、意大利加达国际鞋展等。我可以负责任地说，这么多海外展会加起来的效果都不如广交会。因为广交会聚集了全世界的买家，人流量巨大，而且客户质量非常高。此外广交会曾帮助无数中国企业打开全球市场，是让许多外贸人圆梦的舞台。

说到广交会，我的思绪一下子回到了 2008 年。那时我还是外贸新人，在一家小公司做业务员。广交会对我来说高不可攀，由于无法参展，我只能拖着一个装满样品的箱子在展馆外兜生

意。除此之外，我还会通过邮件约一些非洲客户，在展馆门口见面，随后请他们在附近吃顿二三十块的牛排煎蛋套餐，吃着饭把生意谈下来。这些非洲客户的订单量较大，我们每年能向他们交付七八个整柜，交付一个整柜差不多能赚一两万元。

2011 年，我第一次真正参加广交会。杭州的外贸公司很多，我很难有正式展位，只能和朋友张总合租一个展位。没想到我凭借一款户外鞋接了一个俄罗斯客户的订单，赚了几十万元。

2012 年，我靠自己开发的 skin 系列时尚鞋在广交会上惊艳了大家，吸引了许多人排长队。在那一届广交会上，我卖出了 100 多万双鞋，由此打响了名声。

很快 skin 系列被抄袭，好在我赚到了钱，可以继续创新。我在成人女鞋、童鞋领域开发了十几个爆款，把客户都变成了粉丝，吸引他们持续购买我的产品。同时，国内市场也被我顺利打开，我的产品在不同类目都取得过销量第一的成绩。一时间，我简直风光无限！

2013 年，我准备发展电商，但是又放不下外贸业务，所以我做了一个至今仍不知道对错的决定：培养接班人。

于是在 2013 ～ 2014 年，我招了一支外贸团队，把他们送进了阿里巴巴的训练营。令我欣喜的是，他们在"百团大战"中夺得了冠军。

他们从训练营回来后由我亲自培训，我想把自己的一身本领都教给他们。从邮件写法到谈判技巧，再到产品知识和拍摄、制图技巧，我传授给他们的内容比我在微博上讲的干货还详尽。

我每年都会在广交会鞋区人流量最大的 9 号馆花重金买展位训练他们。小公司通过自己申请获得的展位通常不太理想，所以我不得不花钱买人气高、人流量大的展位。有了这样的展位，每个业务员在广交会上都能与 50 ～ 100 个外国人沟通，拿到大量有效名片。在他们与外国人沟通的过程中，我会站在一边不时纠正、引导他们，他们因此迅速进步。

在业务员有了人均和 100 个外国人沟通过的底子后，我开始带他们去世界各地参展。参展之余，我还会拿出一部分钱让大家玩乐。同行老板参展之后最多在当地待一天就会回家，而我会多待四五天，带大家游览附近的著名景点，逛各大商场、商业街，吃特色美食。同行业务员看到我们在朋友圈发的照片，都羡慕得不得了。

这里有一个值得注意的点：大家可能觉得国外的专业展会比大杂烩式的广交会好，事实恰恰相反。参加过全球各大展会后，我认为对于中国企业来说，最好的展会无疑是广交会。因为广交会上的大客户最多，而且来自世界各地。

我去国外参展时发现，美国展基本面向北美市场，欧洲展基本面向欧洲市场，而且展会主办方一般会把中国的中小参展商集中在供应商区，跟欧美品牌区隔开。这导致一边热火朝天，一边门可罗雀。这也难怪，在这类专业展会上，品牌商主要面向欧美品牌区的中小批发商、经销商等，他们有现货，支持小额批发，甚至会现场零售；而中国的中小参展商以代工为主，没现货，产品的起订量是一个整柜，外国人一听到最小订购量是几千双鞋就被吓跑了。

欧美品牌区的一些国外参展商会来我们的展位串门，他们本来就是我们的客户，不仅不介意我们来参展，甚至还会下一些订单给我们。这是因为我们没有自己的品牌，没有包装和设计，属于产业链的底层，根本抢不走他们的生意。要知道，他们卖 1 双鞋的利润等于我们卖 10 双鞋的利润。

不过话说回来，这几年中国品牌正在快速进步。以前欧美品牌区的"中国面孔"无非就是百丽、李宁、安踏这些老牌子，后来那里逐渐有了一些中国新品牌。我们不仅注册了欧盟和美国的商标，也加大了原创开发的力度，从在跨境电商领域试水，逐步进军实体经济。

我开工厂的初衷是支撑外贸业务，实行小工厂大贸易模式。毕竟做外贸的都知道，没有工厂的外贸公司就像皮包公司，会让人心里没底。有了自己的工厂后，哪怕工厂的规模不大，我也觉得底气十足。但我也清醒地意识到经营工厂很累，所以当时下定决心不扩大工厂的规模。那为什么后来我又改主意了呢？这要从下面的经历说起。

2014 年，我在广交会上遇到一个白胡子美国大叔 George

（乔治）。他相中了我的新款鞋，开口就要订300万双，还说了句"Young man（年轻人），你会火的！"，随后留下名片就走了。我觉得他在吹牛，就没把他的话当回事。然而，没过多久，他的助理来找我确定合作细节，这个时候我才知道他是大名鼎鼎的时尚品牌 Steve Madden 的产品总监。

得益于 George 引发的名人效应，一些大佬纷纷来我的展位看热闹。他们都是知名品牌的老板、设计总监或知名买手等，虽然来自不同国家，但都属于一个圈子。

那一刻，我才算真正感受到广交会的魅力。在广交会上，你的产品只要被一个大佬看中，就能得到更多大佬的关注。

后来，我跟许多大品牌都有合作。当时只要接下大客户的订单，生产一双鞋至少能赚一美元。大客户一年会下几十万双鞋的订单，再加上我的淘宝店正处于发展期，所以我不得不扩大工厂的规模。

在这里，我想解释一下为什么我能开发出那么多爆款。

首先，借鉴。针对欧美市场，我每年会去意大利选款。在米兰，鞋店到处都是，我会找一些经久不衰的经典款，或者最近火起来的基础款，再多观察路人的穿搭，找到一些流行的时尚元素，将它们巧妙地结合在一起。针对国内市场，我主要去日本选款。这主要是因为我比较擅长开发童鞋，而日本的儿童产品比较可爱。以前我每年要去 2 ~ 3 次日本，在那里寻找一些设计素材。

其次，参展。如果手里有好产品，要想获得大流量，仅靠阿里巴巴国际站远远不够，一定要参展。鞋展里面最好的是广交会，第二是德国杜塞尔多夫国际鞋展，以及意大利加达国际鞋展，二者面向整个欧洲。此外，美国的 Magic Show 面向北美洲，日本主要有大阪鞋展和东京鞋展。

参展时，首先要选择好位置，就像做电商要抢流量位一样。比如，2019 年之前参加广交会，一定要去 9.1 或者 10.1 鞋区，其他地方人的流量太少。我的公司属于后起之秀，总是分到很偏的位置，所以我就想办法努力争取好位置。其次要做好产品陈列。我每次都会请设计师规划展位和产品陈列方式，营造出让人眼前一亮的效果。如果我有爆款，外国人很容易在我的展位门口排起长队。

最后，打造好团队。有了流量，还需要好的承接团队。我的业务员经历过之前提到的筛选和培训，遇到国外客户时基本上都能应付自如。我也会在一旁指导他们，在他们遇到沟通难度大的客户时亲自示范，帮助他们进步。

2018 年，一张搬迁通知书打断了我的工厂的高速发展，因为工厂所在园区要发展高新制造业，传统劳动密集型工厂不能占着这么好的位置。没办法，我只能选择搬工厂。

这一搬可以说是"伤筋动骨"。当时工厂的规模已经不小了，搬一次工厂就花了几百万元，又赶上杭州地区房租翻倍，新工业区的厂房租金每年高达 200 万元。经过再三思考，我忍

　　痛把投入了几千万元的工厂转手给朋友。因为有实力接手工厂的人太少，我不如做个顺水人情，将其半卖半送，转让给有能力的朋友，条件是对方以相对低的价格为我的外贸公司代工。

　　后来由于疫情，广交会暂停了几年，我也不太方便去国外参展，与展会有关的业务就因此暂时搁置了。我在外贸领域的布局还剩下一家外贸公司和一家服装厂，以及一家新开的亚马逊店铺。就这样，我的外贸业务逐渐向"小而美"转型。

第二章

电商篇

懂流量，更要懂产品
拼爆款，更要拼续航能力

➢ 平台逻辑

平台更倾向于把流量分给读懂游戏规则的人

➢ 产品为王

能撑得起口碑、经得起复购的，才是真正的核心产品

➢ 内容打法

好的内容，是为了让用户快速确认"买它是对的"

➢ 直播带货

直播成交的本质，是主播用信任感，帮用户完成最后的拍板

➢ 技术红利

真正决定能否活下去的，是在红利消失后依然稳定盈利的能力

01 产品为王
好产品会自带吸睛光环

做电商可以通过两种方法赢利。

一种是利用系统特点投机取巧。但频繁使用这种方法容易导致卖家忽视长期经营，很难脚踏实地做生意。因此我不建议大家依赖这种方法。

另一种是深耕产品。虽然产品有生命周期，但是深耕产品的卖家可以持续开发爆款，不断提升自己的竞争力，从而让生意更持久。

在具体介绍有关产品的内容之前，我先来说说我是怎么进入电商领域的。

2003年春，我刚上大学不久。由于新生不能带电脑进校，为了追求当时喜欢的女生，我只好每晚去网吧用QQ和她聊天。这样的日子并未持续太久，下半学期刚开学，学校就因为非典封闭了。我不得不改去图书馆，因为那里有几台可供上网的电脑。但是图书馆里人很多，我要用电脑就得排队，一等就是个把小时。我好不容易和喜欢的女生聊上天，电脑却"中毒"了——只要打开网页，一个窗口就会弹出，并显示 3 个橙色的大字"淘宝网"。没错，这就是当时的淘宝，它就是靠这种"病毒式弹窗"进行推广的。

大家起初对这种弹窗非常反感，但不久就被上面琳琅满目的产品吸引了，特别是便宜的衣服。很快，大家便掀起了一阵在淘宝上购物的浪潮。

凭借"病毒式弹窗"和海量的产品，淘宝很快将对手易趣打得落花流水。易趣源自美国的 eBay，但是来到中国后"水土不服"，其注册和购物流程实在是太复杂了，很多人因为搞不明白就放弃使用它了。此外，易趣向卖家收费，而淘宝则供卖家免费使用。

2006 年秋，我的发小杨潇在杭州下沙商贸城租了一个商铺，卖起了牛仔裤，他的货是从杭州四季青服装批发市场（以下简称"四季青"）进的。

有一天，我陪杨潇去四季青进货，在那里看到了很多年轻人。他们有的拖着大麻袋，有的推着小推车，还有的在不停地打包、发货。我一打听，才知道他们原来是淘宝卖家。看到他们的生意这么好，我不由得动心了。

于是我也开了淘宝店，还买了一台数码相机，给杨潇店里的牛仔裤拍了照片并上传到淘宝店。我记得上传照片后没多久，淘宝旺旺的消息提示音就响了。第一位客户来了，他要购买一件牛仔裤，但刚好他要的那款牛仔裤的对应尺码没有现货，我只好向他表达歉意。紧接着又来了好几位客户，但他们要买的牛仔裤不是恰好缺货就是尺码不匹配。一番折腾后，我连一条牛仔裤都没卖出去，难免有点心灰意冷。

当时我是抱着玩一玩的心态开淘宝店的，加上快毕业了，我忙着实习和写毕业论文。我的毕业论文课题是大黄鱼的养殖，涉及营养学方面的知识。为了完成毕业论文，我需要去外地的实验室，因此那段时间里我没法上网。而且在此期间，淘宝被各种负面新闻包围。说实话，我当时不太看好这个平台，于是就暂时放弃了经营淘宝店。

毕业之后，我先进了宁波的影视广告公司，后来回到杭州做外贸，忙得脚不沾地，更没心思管淘宝店了。

2008 年下半年，我新开的工厂深陷危机。这时《都市快报》的一篇报道吸引了我，它讲述了一个大学生开淘宝店一年赚 500 万元的故事。她是靠卖一款三色连衣裙起家的，就这一款连衣裙，她卖了 2 万件。我被深深地震撼了，可惜当时我的工厂正深陷泥潭，虽然心里痒痒，但我实在没精力去经营淘宝店了。

当时，一位法国客户向我订了一批时装鞋——4500 双，由于这批鞋不是我的工厂生产的，因此我对其规格不熟悉，不小心把总体积算错了，导致原本规划的集装箱塞不下那么多鞋，最后剩了 700 多双花里胡哨的大码女鞋。这些鞋法国客户说不要了，我自己也处理不了。于是我抱着试试看的心态，让一个开淘宝店的大学同学帮忙售卖。没想到她仅用一个月就把鞋卖完了，而且成本45元的一双鞋，被她卖出了198元的高价。这坚定了我进军淘宝的决心。

当时我的女友素素是知名品牌女装公司的一名设计师，她也很看好淘宝。于是我开始重新经营淘宝店，但苦于没有合适的货源。我的工厂生产的鞋并不适合国内市场，于是我就到处找别的工厂的尾货。

我在带一位德国客户看厂的时候找到一家北方厂，这家工厂服务过很多大品牌，有某意大利品牌的一批尾货——一共500多双，因为有色差，该品牌不要了。老板急着清仓，报价25元一双，让我一次性将货拿走。我有点动心，看完厂后匆匆回去和素素商量，之后又带着素素赶了回来。素素比较会砍价，经过跟老板的一番拉锯，竟然将价格砍到15元一双。把鞋子拿到手以后，我们就以199元一双的价格在淘宝店里卖，几天就卖光了。

2009年春节后，素素决定辞职，全职跟我经营淘宝店。当时淘宝店运营非常简单，花不了多少时间。我们请了一个小姑娘——晓霞当客服。

淘宝店的生意日渐红火，很快店铺等级就达到了3钻，我们备受鼓舞。我和素素约定，等店铺等级达到5钻，我就给她买一辆宝马MINI。

这时天猫的前身淘宝商城上线招商了，于是 2009 年下半年，我们立即跟风，开了第一家淘宝商城旗舰店（以下简称"商城店"）。这给我们带来了一大波红利。商城店开始营业后，在网页搜索相关关键词后，我们的产品链接排在最前面。而根据当时女鞋类目的数据，关键词搜索结果页面排在前两位的产品链接能抢走 70% 的流量。所以开商城店相当于"开了挂"，我们几乎可以"躺着赚钱"！我们当时开了一家商城店和一家淘宝 C 店（个人店铺），商城店的流量是淘宝 C 店的 5 倍，转化率也高于淘宝 C 店。

但是好景不长，我当时没有时间管理的概念，既要管工厂，又要做外贸业务，还要为做电商拍照、修图，忙得不可开交，经常很烦躁。素素又是个急性子，我们在一起时经常争吵，后来也分手了。

分手后，我痛苦了很长时间。我记得当时淘宝 C 店的等级是 4 钻，离 5 钻只差 100 多个好评了。由于素素的离开，淘宝 C 店的经营被我暂时搁置了，商城店被交给客服运营，我又把重心放在了经营工厂和外贸公司上。

一年后，我又经历了一次打击。之前提过，我被美国大客户和阿华摆了一道，他们开了新厂，挖走了我厂一半以上的工人。我休整了一段时间，好不容易才让工厂重新走上正轨。

由于当时大部分业务都由我自己做，我每天早上起来都觉得心慌，总感觉有答应客户的事情没做完。我的公司当时已经入驻阿里巴巴国际站，国际站的客户经理天天拜访我，邀请我参加各类活动。

受到阿里巴巴企业文化的影响，我意识到如果想让公司发展壮大，就必须培养一支外贸团队。

当时我的公司只有 3 个业务员。我的商城店始终缺少合适的运营人员，于是我就让客服晓霞兼职运营人员。此前，商城店基本处于无人运营的状态，就这样一年还能产生几十万元的纯利润，可见当时确实处于红利期。

2011 年 10 月，电商界出了一件大事——淘宝商城遭遇影响深远的"淘宝 10·11 事件"。这次事件之后，很多小卖家做出了让他们后悔终生的决定——退出淘宝商城，而留下来的人则享受到了电商界有史以来最大的一波流量红利。

2011 年，我又有了新女友萌萌，她就是我在厦门渡船上认识的杭州女孩。回到杭州以后，我们经过几次约会，彼此感觉不错，于是慢慢确定了恋爱关系。萌萌在银行上班，生活很有规律，比较追求稳定。所以我没有向她提自己开淘宝店的事，因为当时开淘宝店可能会被人视作"不务正业"，她只知道我是做外贸的。

2012 年，淘宝商城更名为天猫。有一次，萌萌来我的公司，无意中在电脑上看到了我的天猫旗舰店。当时仅有客服晓霞一个人在兼职运营店铺，店铺页面的错别字满天飞。萌萌实在看不下去了，提出帮我改善一下店铺页面。由于她不会使用

Photoshop，于是她出点子，我来制图，按照她的想法重新设计了店铺页面。经过这样的改动，店铺页面焕然一新。

但是萌萌要上班，我平时也很忙，实在无法全身心投入店铺运营，于是我找了一家代运营公司来运营店铺。这家代运营公司承诺安排 4 个人运营我的店铺，收费标准是每年 15 万元，外加销售额的 6% 作为提成。

谁知这家代运营公司并不靠谱，几个月过去了，我的店铺没有什么起色。于是我去代运营公司看了一下，发现他们根本没有按照承诺安排 4 个人运营我的店铺，而是让 1 个人运营 4 家店铺。而且运营人员非常不专业，店铺运营效果可想而知。

无奈之下，我只能自己一边盯着店铺一边学习相关知识。老实说，我后来引以为傲的运营水平，就是当时被这家代运营公司"气出来"的。

2012 年 8 月，得益于一次偶然的机会，我参加了天猫鞋业峰会，在为期 3 天的电商 MBA 课程中认识了许多大佬，学到了很多电商营销知识，仿佛进入了一个新世界。

之后，我亲自运营店铺，请外模拍摄，动手制图，可以说是废寝忘食。两个月后，我的店铺第一次在细分类目中排名第一。店铺的生意突然火爆起来，但人手不足，我和萌萌、晓霞 3 个人只能连轴转。萌萌本来是一个非常柔弱的女孩子，却经常去仓库发货，忙得灰头土脸，我看了非常心疼。

我自己也忙得够呛。当时我的外贸业务还是自己做，随着国外客户越来越多，我的出错率开始变高，心慌的情况越来越严重。

这时候阿里巴巴"橙功营"的工作人员找到我，说要帮助我脱离业务的海洋，让我的店铺"自转"。于是 2013 年，我去深圳参加了阿里巴巴的培训，在培训过程中深受启发。从深圳回来后，我用半年时间打造了外贸团队，为工厂聘了一个副总，自己则从烦琐的业务中脱身。

2013 年下半年，萌萌从银行辞职，和我一起投身电商事业。她有很强的审美能力，负责产品设计与开发。我们相继开发出许多爆款，虽然经常被对手抄袭，但是我们依靠和工厂的强力配合，以及较强的开发和运营能力，陆续开了 8 家天猫旗舰店，销售了几十个爆款，店铺的销售额同时在几个细分类目中遥遥领先，一时风光无限。

有一次，我和萌萌在南山路闲逛，路过保时捷的展厅时，她看到一辆宝蓝色的 Boxster，十分心动。那辆车价值八九十万元，我拿出卡准备把它买来送给她。她立刻阻止了我，劝我不要冲动，说有钱也不能这样花。那一刻，我在心里认定：我想要相伴一生的人就是她了。

到了 2013 年底，顺风顺水的我买了一辆保时捷卡宴，花了 140 多万元。当时买保时捷卡宴需要排队，我付了定金后等了整整半年才提车。提车那天，销售经理说当天卖出去 4 辆保时捷，买家全都是做电商的老板。可见当时电商的红利有多大。

　　然而，成功来得太容易，令人忘乎所以。那时我以为成功都源于自己的实力，却不知道这其实是因为我遇上了平台的红利期。当然，其中也有产品的一部分功劳。不论是在鞋类领域还是后来的生鲜领域，我都开发出了许多爆款。

　　下面我来给大家分享一下我开发爆款的具体思路。

爆款服装鞋帽等大众消费品的开发思路

　　1. 了解市场喜好，把握流行元素，判断流行趋势。比如，多看国内线上、线下的爆款，从中吸取灵感，同时多进行数据分析。

　　2. 抓住流行色。比如，牛油果绿、樱花粉等流行色特别适用于开发女性产品。

　　3. 把握女性消费趋势。在女性消费市场中，生活日用品的风格趋向"萌""治愈"，这一点在东亚国家尤为明显，猫爪杯、泡泡玛特的设计可以作为参考；服饰鞋类的风格则趋向高级感。另外，不要忽视年轻女性的小众需求，她们关注的产品包括 JK 制服、汉服等，近期我便准备出一款体现汉服元素的产品。

　　4. 注意小尺寸中蕴藏的商机。很多传统产品太大了，将其缩小不但能实现差异化竞争，吸引消费者的眼球，还能获得更高的利润。目前，各种食品、日用品都推出了小包装，如小瓶酒、小罐茶等。

5.跨界参考，观察不同类别的产品，借鉴相关创意和思路。我经常用这一招，比如我在眼镜工厂学到一种喷漆技术，后来将其应用于给鞋子喷复古渐变色，效果特别好，关键是同行难以模仿。

6.多出国调研，探寻流行趋势，从国外产品设计中寻找灵感。如果出不了国，就多在创意类网站上寻找素材。

7.记得为产品申请专利。

8.善于学习别人的长处，多看看同行的优秀作品。

跨境电商爆款童鞋的开发思路

跨境电商有点像外贸和电商的结合体，严格意义上来说应该算电商。我从 2018 年开始进军跨境电商，到现在也有 7 年了。在这个过程中，我打造出了许多爆款。我在亚马逊上销售一款洞洞鞋，是原创设计产品，已经销售了 5 年，销售额曾一度在洞洞鞋类目中排名仅次于世界著名品牌 Crocs。这个系列的鞋子直到现在，每天还能带来几百美元的销售额。我还打造了一款更火的雪地靴，一上架就被抢购一空。

下面我来说说我开发跨境电商爆款童鞋的思路。

第一步：确定元素。比如，欧美儿童比较喜欢恐龙、独角兽、消防车、小黄鸭这些元素。

第二步：确定主色和辅色。在确定主色时，我会参考国外设计，男童鞋一般选用绿色、藏青色，女童鞋一般选用粉色、紫色，天蓝色和黄色对二者都适用。另外，我和萌萌去书店专门买了一些有关色彩搭配的书，按照书中的配色来确定辅色。

第三步：设计。找设计师或者美术学院的学生根据确定的配色设计图案。

第四步：打样。把矢量图稿做成样单，交给工厂打样。在这个过程中，不断让工厂调整鞋样，直到鞋样令我们满意为止。

第五步：下单。根据工厂的起订量，先小批量试生产，找到热卖的款式，再大批量正式生产。

爆款生鲜产品的开发思路

我现在已经缩减了电商业务，主要经营自己的生鲜品牌：不花心。

生鲜电商是我接触过的所有电商类目里面最难做的，水非常深。

前面讲过，我的毕业论文课题是大黄鱼的养殖。我之所以选这个课题，是因为我从小就对海鲜很感兴趣。

我的课题属于一个重点项目，我的导师拿着研发资金去渔场买了一卡车正值"青春期"的大黄鱼，打算拉回实验室进行喂养。由于路途遥远且颠簸，加上氧气泵又坏了，到了目的地后，鱼死了一半。

活下来的那些鱼也状况不佳，由于饲养缸空间较小，很多鱼都被碰伤，甚至出现了烂尾的情况。我们需要天天将金霉素涂在它们的伤口上，避免感染。这样的经历给我留下了阴影，让我变得不爱吃海鲜了，甚至间接导致我放弃了自己热爱的海鲜事业，所以毕业后我先进了一家影视广告公司，后来又改行做外贸、开工厂、做电商。

毕业 3 年后，我慢慢恢复了对海鲜事业的热爱，无奈那时已经"误入鞋途"。没想到后来鞋厂需要搬迁，导致我的外贸和电商事业陷入低谷，而我误打误撞做了生鲜电商。兜兜转转，我又和海鲜产生了联系。

很多人都知道，生鲜电商在电商的各个类目里面算利润非常薄的，而且该行业的竞争特别激烈，大佬众多，产品同质化严重。不像衣服、鞋子可以通过原创设计成为高利润的爆款，生鲜产品利润微薄，主要靠口碑积累回头客。刚做生鲜电商时，我选择的入门产品是无保水剂的大虾仁。我卖了 100 万包虾仁以后发现，销售这个产品面临的竞争太激烈，要想在这个行业中获得更广阔的发展空间，我必须扩展品类。

2023 年初，我在福建东山岛发现了一种新品：蟹腿肉。我是在一家饭店发现这种蟹腿肉的，品尝后十分惊艳，为此还发了微博。它的口感相当不错，鲜甜嫩爽。而且它属于小众产品，源自产于东山岛的大钳子螃蟹（属于梭子蟹科，数量有限），没法大规模生产。正因如此，我产生了销售这种产品的想法。

于是我联系了一些工厂，不久后工厂给我寄来了样品。但是我发现这些样品都被装在一个盒子里：上面铺一层大的蟹钳、蟹脚，下面都是碎肉和冰块，冰块的占比很高。此外，这些蟹腿肉的口感很奇怪，没有蟹味，明显加了保水剂。而不花心的品牌理念就是不使用保水剂，提供健康安全的新鲜食材。

这样的蟹腿肉明显达不到我的要求。我反复要求工厂改进，但是他们寄来的样品还是老样子。我在电商平台查看相关评价，发现很多差评都反映了同样的问题。无奈之下，我只能暂时放弃。

后来我和某头部大厂合作，该厂的老板和一家专门出口蟹肉的工厂老板是好朋友，便将他介绍给我。那家工厂主要生产马里兰蟹肉罐头，也生产蟹腿（钳）肉，走精品路线，产量不大。我尝过这家工厂的蟹腿肉之后，觉得其口感确实和我之前在那家饭店里吃的相同。于是，我让工厂生产了样品。确认样品后，我让工厂专门挑选大规格的蟹腿生产了大货。我只拍了一条视频，然后发到各大平台，也没怎么投流，只通过直播销售就把这批货卖光了。

发现商机后，我决定再接再厉。2024 年，我以全网最高的价格卖蟹腿肉，创造了当时全网最高的销量。我卖的蟹腿肉虽然价格高，但一分价钱一分货，我得到的利润甚至还不如那些以低价卖蟹腿肉的同行。然而，正因为坚持选用优质的原料，我获得了大量回头客。后来我用卖蟹腿肉的思路卖青花鱼，很快也让销量成为全网第一。这两种产品在 2024 年一共销售了超过 100 万包。

除了选对了产品，我成功的另一个关键是选对了平台。我选择了抖音和视频号这两个内容电商平台，因为只有内容电商平台才能让我有机会把产品真正的价值塑造出来，并传递给消费者。我会在后文中给大家介绍相关的方法。

爆款美妆护肤品的开发思路

我的合伙人在做私域电商的过程中，发现某大牌护肤品的核心成分在护肤方面有明显的效果，而且合成该成分并不是专利技术。但大牌护肤品非常贵，一瓶就要卖几千元。于是一家国产化妆品公司的资深配方师基于这种成分，研发出了一款"平替"，想让我帮忙销售。

我非常谨慎，并没有决定直接销售这款产品，而是先让全公司的同事和我自己的家人试用。大家试用这款产品后，都感觉效果非常好。之后我从客户群里选了 100 位试用者，收集大家的反馈，不断进行产品配方的改进。经过小半年的测试，我才开始销售这款产品。由于那 100 位"种子选手"的试用体验都非常好，加上这款产品的价格不到大牌护肤品的零头，于是大家纷纷推荐家人和朋友购买。得益于这些因素，以及美妆护肤品自身的"种草"属性，这款产品上线当天就卖出了1万多瓶。

选品思路

要做好电商，就要先开发好产品。我毕竟有自己的工厂，开发产品会容易一些。但是对于没有资本积累的普通人来说，初期开发产品只能借助选品。接下来，我向大家分享两个选品思路。

一是选潜力款。各大平台都有数据分析工具，比如淘宝和天猫的"生意参谋"、拼多多的"电霸"、京东的"商智"、抖音的"电商罗盘"、亚马逊的"卖家精灵"等，我们从中很容易发现近期的爆品以及它们的增长曲线。当某个产品处于增长的早期，这就是销售的好时机。当然，对我个人而言，平台公开这些数据会让我陷入无尽的烦恼。哪怕是此时此刻的我，也饱受担忧自己的爆品被同行模仿的烦扰，所以我选择频繁换链接、隐藏销量，避免被平台抓取并公布相关数据。

二是运用爆品改良法。当我们通过数据分析工具发现某个新品卖得很火爆时，不要急着去卖同款，而应分析一下它有什么地方需要优化，有哪些卖点可以添加。可以找到行业内比较好的工厂，对该产品进行改良。

比如，我开发蟹腿肉时，就解决了原先同类产品使用保水剂等问题。而我开发"不花心鲜剥大虾仁"时也遵循了同样的思路，这款产品在竞争更激烈的虾仁类目中依靠健康、无添加的理念成功跻身销量前三。

后来，我还运用这种方法开发了一款新品——"银鳕鱼尾"。我们原本有一个小爆款——银鳕鱼礼盒。一整条银鳕鱼可以制成3个礼盒，这势必会让1/3的礼盒包含尾巴，尾巴和整片雪白的银鳕鱼排相比，外观上会相差很多。顾客收到包含尾巴的礼盒，很容易因为失望而给差评。一些商家害怕收到差评，就把尾巴当边角料卖了。但是我发现尾巴更紧实鲜嫩，而且鱼皮非常软糯，尾巴完全可以作为一个小爆品来卖。于是我把所有礼盒里面的尾巴取出来，单独打造了一款"银鳕鱼尾"，并通过短视频告诉顾客，尾巴是鱼身上运动最多的部位，特别好吃。这款"银鳕鱼尾"推出后，只要上架就会卖断货，尾巴也从边角料变成了利润不错的小爆品。

同一时期，我留意到一款出口到美国的甲板靴。这款靴子比较小众，主要面向国外钓鱼爱好者，防滑性很好，但是价格不菲，在亚马逊上通常要卖到100美元以上。我通过观察美国同行店铺评论区的差评，发现这款靴子有较大的优化空间。于是我找到行业里口碑比较好的工厂，花一年时间对这款靴子进行升级，开发了新品。新品被发到海外以后，在各平台上卖得都很好。

　　这里要注意，如果没有自己的工厂，在通过别的工厂开发产品时，一定要保护好自己的知识产权。除了为产品注册专利以外，还要和工厂签好书面协议，避免工厂把同款卖给你的竞争对手。

02 技术红利

每个新的游戏规则中，都有新机遇

在电商领域，直通车技术、矩阵法都是基本技术，简单易懂，至今依然被广泛运用。特别是在平台发展早期，巧妙运用这些技术能够收获红利。下面我结合自己的案例给大家讲解一下相关内容。

前面说到，在 2012 年的广交会上，我利用新设计的一款工艺鞋——超轻薄的 skin 系列实现差异化竞争，拿到大量订单，并且在行业内一战成名。一些同行老板见我这个毛头小子才出社会没多久，就把产品卖出去这么多，心生嫉妒，于是开始仿制我的产品，并向我发动了价格战。这里要说一句，因为我的工厂是外贸工厂，在流水线作业以及原材料供应等方面要遵循外销的标准，生产成本比内销要高不少，如果用内销的标准去生产产品，产品的价格可以低 30% ~ 40%。因此，用外贸工厂生产产品是我做电商天然的劣势。

我厂当时只生产 skin 系列，在同行老板的猛烈冲击下，订单大量流失，一时间人心涣散。而我刚组建的外贸团队中的成员都是新人，他们还处于懵懂状态。靠谋求订单来拯救工厂是不现实的，最终我选择用"奇葩"的电商技术型打法自救。

直通车之战

后来，萌萌成为我的妻子，下面我就称她"厂嫂"吧。我们当时拥有两家天猫旗舰店和一家淘宝 C 店。遇到价格战，我们第一时间当然不是和对方拼谁价格低，因为我们完全拼不过。

我们找人设计了 3 款鞋子，又找了一个韩国模特，再请专业美工按照不同风格为 3 家店铺营造视觉效果，并将 3 款鞋子分别上架到这 3 家店铺里。我借助当时最新的直通车技术，用一周时间把 3 个单品全部打造成了爆款，每个爆款的月销量都是 2 万～3 万双。这使工厂的生产线迅速进入满负荷运作状态。一些同行老板得知此事后，气得不行，但他们当时对淘宝一窍不通，只能干着急。

我复盘了这次胜利，总结了以下 3 个关键点。

1. 超出消费者的预期

2014 年的电商市场中还没有消费升级的说法，上网购物的群体主要是追求高性价比的消费者。当时，我们分析现有天猫旗舰店的产品发现，"御姐"风格的产品单价较高，无法通过增加销量来拯救工厂。于是我们果断新开了 3 家淘宝 C 店，通过让人眼前一亮的方式呈现产品——当时天猫上的产品主图以白底图为主，我增加了一系列带有穿搭场景的图，使得用户更有代入感，同时使产品价格和低端市场中同类产品的价格持平。试想一下，9 分的产品，9 分的视觉效果，5 分的价格，三者结合会产生什么效果？

事实证明，效果超乎想象：消费者购买产品后普遍感觉超出预期，好评如潮。

当时直通车对搜索流量的加权影响很大，没过几天，它就带动了自然搜索流量的增加。随着订单量的持续增长，工厂从年头忙到年尾也满足不了消费者对这 3 款鞋子的需求。为了保障供应，最后我不得不把周边工厂都承包下来进行生产。

2. "得大众者得天下"

大众（平价）市场是全世界最大的市场，但开发这个市场其实很难，根本不是把低价产品卖给大众那么简单。

我分析了大众消费者的心理，发现许多人并不是真的追求便宜，而是喜欢占了便宜的感觉。

要想迎合大众市场，最重要的是在看得见的地方"砸钱"，在看不见的地方节省成本。比如，HM、Zara 都采用了这个"套路"，让消费者感觉它们是一、二线品牌，但只需以四、五线品牌产品的价格就能买到它们的产品。

3. 单品制胜

一些店喜欢上架多样化的产品，结果其中大部分卖不动。**我倾向于做减法，在每个店只推一款产品，全力将其打造成爆款，从而实现"单点突破，野蛮生长"。**这不但简化了店铺运营流程，而且降低了生产的边际成本，极大地满足了工厂生产标准化流水线的运作需求。

当时我厂人才流失、风雨飘摇，复杂的外贸订单已经接不了了，这样的淘宝订单正好算是雪中送炭。

矩阵之战

很多商家在做生意时喜欢斗气，之所以会打价格战也是因为斗气后失去理智，导致杀敌一千，自损八百。**陷入价格战的商家很难笑到最后，而聪明的商家喜欢用波士顿矩阵。**

市场营销学里，波士顿矩阵把产品分为 4 类：明星产品（利润和销量都高，可遇而不可求）、金牛产品（利润和销量都稳定）、瘦狗产品（利润低，销量高）以及问号产品（充满不确定性）。

一些人喜欢利用瘦狗产品专门打击对手的金牛产品，然后靠自己的明星产品和金牛产品赚钱。当对手的金牛产品逐渐变成瘦狗产品，又没有可替代的产品时，他们就失去了竞争力。

下面继续讲我的故事。由于我的生意太红火，我被一些同行老板盯上了，他们打听到我在开淘宝店。一些老板的头脑特别灵活，他们的跟款速度很快。于是 2015 年春节过后，一下子冒出来几十家淘宝店和我销售一模一样的产品，其产品价格比我的低 20%。

我的产品销量因此受到巨大冲击，公司里人心惶惶，我的家人也开始愁眉苦脸。

我也想降价，但当时我们专注于中低客单价的市场，再降价就没利润了。**这时逆向思维帮助了我：你们打价格战，那我就打防守战。**

在防守战中，我发现了一种有关店铺矩阵的打法。我们将部分产品的价格提高了 20%，并提升了其视觉效果。这样一来，虽然整体产品销量下降了很多，但利润提升了许多。

如果我是单打独斗，凭借这样的利润过过日子还是不错的，但我身后有一个嗷嗷待哺的工厂，不跑量的话，工厂是要停产的。为了维持之前的销量，我们不得不采用特殊打法。

如果说直通车之战是通过"单点突破"实现"野蛮生长"的话，那矩阵之战就是以"铁索连舟"的方式达到"如履平地"的效果。

打造店铺矩阵的本质就是实现"铁索连舟"，把各店铺通过大小爆款捆绑在一起。在竞争激烈的电商红海，这样做的好处是"稀释"成本，让店铺间紧密联系、相互配合。

我们开了 10 家风格不同的淘宝 C 店，每家店主推 2 个小爆款。我们按照波士顿矩阵，使明星产品走高价路线，利用瘦狗产品跑量和打击竞争对手。而中等价位的金牛产品则用于暗度陈仓，保证利润。

我把明星产品涨价带来的利润，全部用于进行金牛产品和瘦狗产品的直通车推广，让 20 个小爆款轮番上阵，封死了相应类目的流量入口。

与此同时，同行老板之间的竞争也趋于白热化，他们的产品价格进一步降低，而低品质导致的高退货率让很多老板血本无归。一年后，那些人中的大部分退出市场，剩下的因为赚不到钱，也没力气折腾了。

看到这样的局面，我很难过，我曾经尊敬我的对手，他们白手起家，吃苦耐劳，抓住过时代的机遇，有着不服输的拼搏精神。如果他们当时能用科学的理念去经营店铺，而不是通过不正当手段进行商业竞争，那么他们的结局肯定会不同。

成功打败对手以后，我迅速填补了他们退场后留下的空白，并在每个店铺中都增加了男鞋和童鞋品类，又一次大获成功。在细分类目中，举目望去，我已经没有对手。我此时头脑发热，担心供不应求，于是大量生产产品，这为我后面的失败埋下了隐患。

同时期，我还在经营策略上犯了 3 个错误，我后来反思了一下，总结如下。

1. 在平台开始引导店铺进行精准的人群定位，走精准路线时，我反向操作，让所有的店铺同时涉及女鞋、男鞋、童鞋等类目。这是做电商的大忌。一家店铺针对不同人群发布产品会导致标签混乱，让消费者摸不着头脑，而平台会因店铺的定位不精准而降低店铺的搜索权重。

2. 误信所谓消费升级的说法，将大部分产品提价，但产品的视觉效果没有得到提升。后来的形势大家都看到了，拼多多为淘宝带来挑战，以低价策略横扫市场。

3. 把店铺托付给运营助理。因为我离开外贸公司太久，业务员们群龙无首，开始抱怨，于是我把店铺托付给运营助理，回去干老本行——做外贸了。这对淘宝店铺的经营造成了影响。

回归外贸行业

人的精力是有限的，只有专注于一件事才有可能将其做好。

2013 年，我离开外贸行业，把重心放在了做电商上。离开之前，我招兵买马、亲自培训员工，打造出了一支超级"给力"的销售团队。同时，我设计了一套让公司没有老板也能自转的机制。我觉得制度只能起到约束人的作用，而好的机制却能激发人的积极性和潜力。

我设立了 3 个业务组，每组设一个组长，相当于一个小公司，相互竞争。

另外，我给业务员的提成很高，这避免了业务员单飞和跳槽的风险，降低了我做甩手掌柜的成本。

2013 ~ 2016 年，我很少去公司，但公司的销售额翻了好几倍。然而，许多问题也暴露出来，迫使我回归公司完善制度。

管理最大的敌人是人性

2016 年，由于外贸订单失控，我不得不重新回到外贸公司。

在我的外贸公司里，业务员有很大的下单权，小工厂的报价低，所以业务员倾向于把订单下给小工厂。有些小工厂的老板喜欢给业务员塞红包，在这一点上，业务员做得不错，都拒绝了红包。

然而随着业务扩大，塞红包现象愈演愈烈，虽然业务员不收红包，但质检团队被腐蚀了。这导致品控水平下降，产品接二连三地出现质量问题，运到国外后被大量投诉。

我回公司后也一筹莫展，只能通过完善制度来减少这种情况，但是无奈地发现，这事根本无法杜绝。

一些人是经不住金钱的诱惑的，我没有办法对抗人性。我打算彻底整顿质检团队，绝不姑息和纵容收红包的行为。

但事实上，我就算招新人，情况也是一样的，这种现象在外贸行业非常普遍，很多老板对此都是睁一只眼，闭一只眼。我能做的只有收回下单权，为每个订单亲自挑选工厂。这么一来，我更没时间管淘宝店了。

危机四起

2016 年和 2017 年上半年，尽管我离开了电商运营岗位，但各店铺的高销量还是将我的电商事业推上了顶峰。我布局的十几家淘宝 C 店，以及天猫、京东、聚美优品、唯品会的旗舰店，在多个类目开花，日均销量过万，这让我一时风光无限。

在自己的工厂"吃饱"以后，我又找了五六个工厂代加工，只顾拼命生产，完全忽视了产品的生命周期。到了 2017 年的年中，我忽然发现销量不对劲了，许多产品开始滞销。

我深入分析数据后，发现是店铺定位混乱导致流量下滑，同时平台上冒出了很多似曾相识的对手，他们不但抄袭了我的爆款，还在其基础上进行了升级，升级后的产品更有竞争力。

我一打听，才知道原来是我之前的手下败将—— 一些同行老板的子女们登场了。他们多数从海外留学归来，吸取了父辈在价格战中的教训，全面提升了产品的设计感和店铺的视觉效果。

我如梦初醒，可惜已无力回天。

对手穷追猛打，加上产品质量问题导致我的店铺差评增加，流量暴跌。我想推新款拉动流量，但已经没有资金了：3000 多万元被库存占用；由于看了太多财经和房产博主的微博，我将积蓄全拿去买房子了。现金流已经枯竭，离压死骆驼就差最后一根稻草了！

由于焦虑，那段时间我长了不少白头发。生意出了问题，连累家人也担惊受怕。我妈总是让我别干了，在家休息；厂嫂看我整天愁眉苦脸，虽然她嘴上不说，但我知道她心里比我还煎熬……

含泪甩货

2017 年 9 月，秋高气爽，大家都在朋友圈里分享旅游动态，而我面对一堆库存欲哭无泪，眼看连员工的工资都要发不出了。

此时我突然想起一位前辈对我说的话：企业的现金流比利润更重要。

当下，快速实现资金回笼的唯一办法就是清库存。真是讽刺，一直不愿降价的我也要采用低价策略了。

我把大部分店铺都关了，只保留了一家天猫旗舰店和一家淘宝 C 店，将卖不动的款集中在淘宝 C 店里打 3 折销售，并利用直通车引流。

　　此时我猛然发现，由于长期未学习相关知识，自己所用的技术已经过时了。见我花了好大力气才让淘宝C店慢慢有了流量，厂嫂说："你在微博上不是有很多粉丝吗，能不能让他们帮忙推广？"我听了差点昏过去，如果那样做，我的身份就会暴露，同行都要看我的笑话了！

　　3折的吸引力很大，很快淘宝C店的销量成倍增长，我也有了现金流。按照这样的速度，我用一年时间就可以把库存清完。

　　虽然此次清库存导致亏损严重，但至少淘宝C店存活下来了。那段时间，我依靠这家店和天猫旗舰店产生的现金流苟延残喘。

　　天猫旗舰店主要卖我们新研发的爆款"鸟鞋"。我为"鸟鞋"申请了专利，阿里巴巴知识产权保护平台处罚过几个销售仿冒"鸟鞋"的商家后，对手便不敢抄袭了。

　　说到"鸟鞋"，我是在一次旅行途中看到一只蜂鸟时产生设计灵感的。除了蜂鸟，我还以火烈鸟为元素设计了一款女鞋，在很多国家热卖。我觉得鸟真的是一个很好的元素，灵动、小巧、有趣，适合许多不同的产品。

　　由于"鸟鞋"的利润比较高，除了自己销售之外，我还授权与我合作的"厂二代"阿标的淘宝店销售，授权期限为3年。万万没想到，阿标也欺骗了我！

人善被人欺

2023 年国庆期间，"厂二代"小涵请我吃饭。她是"95后"，我和她爸合作多年，她管我叫哥。

我俩关系不错，偶尔会聚一聚。那一天，她给我看了她新加的一个微信群。那个群是阿标建的，里面有十几个"厂二代"。我看了他们的聊天记录，瞬间感到天昏地暗。这群人居然蓄谋已久，一直在策划如何"弄死"我。

前尘往事像幻灯片一样在我的脑海里播放，我这几年莫名遭遇恶性竞争的原因今天终于揭晓了！

阿标比我小两岁，他家的厂是早期由国企改制而来的，他爸算是行业内的老前辈，但是父子俩在做生意方面口碑不好。2012 年，他家的厂因为资金链断裂差点倒闭，但他抓住了我的外贸公司这根救命稻草。

那一年，阿标听说我的公司在参加广交会，便亲自开车到广州（广交会的举办地点），带来好几箱样鞋，还给我们当司机，大献殷勤，大家对他赞不绝口。

我看这个小伙子勤快、脑袋灵活，也有心扶持他，回去就和他签了战略合作协议，并一次性付给他 200 万元的定金，帮他家的厂度过了危机。许多从事外贸行业的朋友得知此事后都劝我当心，因为他们都吃过他家的亏，可我没把大家的话放在心上。

2014 ~ 2015 年是我的外贸公司和阿标家的厂的"蜜月期"，我们合作了不少次。他的生意渐渐好了起来，他也慢慢还了部分贷款。阿标没事就会来我的外贸公司坐坐，对我的设计图纸指点一番。我当时只觉得他事业心强，乐观真诚，并不像外界传的那样。直到后来我经历了一些事情，才发现他的另一面。

2016 年，我的事业达到了顶峰。一时间，我头脑发热，喜欢听好话，犯下了一个"致命"错误——把"鸟鞋"授权给阿标销售。

"鸟鞋"很受欢迎，许多明星和时尚达人都穿着它上过综艺节目，它有一群稳定的客户，全网只有我和阿标有它的销售权，我的天猫旗舰店也是靠它"续命"的。

其实阿标这些年过得并不好，虽然还了部分贷款，但炒股亏了，欠了一大笔债，加上我公司给他的订单逐渐减少，他家的厂只能靠卖"鸟鞋"维持运转。他之所以想要击垮我，也跟这款鞋有关。

他发现我面临库存危机后，打起了如意算盘：只要把我击垮，就可以凭借垄断这款鞋翻盘。小涵告诉我，他表面上一直和我保持友好的互动，背地里却煽动"厂二代"们对我的仇恨，他们暗中组成联盟，针对我的十几家店铺开了一对一的山寨店，并利用低价策略发动进攻，用各种方式与我的店铺抢占流量。我的那些店铺本来就疏于管理，面对这样的攻势，自然兵败如山倒了。

陷入低谷

我怎么也没想到，我引以为傲的店铺矩阵会那么快被瓦解。

2017年的夏天酷热难耐，我的店铺销量却降到了"冰点"。"厂二代军团"的店铺已经覆盖各个类目。为了集中精力清仓，我忍痛关闭了13家店铺，把卖不掉的款放在仅剩的一家淘宝C店甩卖。曾经堪称行业传奇的我如今成了笑话，只有"鸟鞋"在天猫旗舰店原价销售，努力维持着我仅剩的一点尊严。

背水一战

此时的阿标得意忘形，为了炫耀自己的厉害，把"女神"小涵也拉进了他建的群。小涵是个很有正义感的"厂二代"，她哭着告诉了我真相："小风哥，阿标太坏了，你对他那么好，他却处心积虑想害你……我能帮你做点什么吗？"

我实在没有别的办法，只好让她帮我做"卧底"。

由于一些原因，2017年10月，"厂二代"们开始内斗，他们的联盟解散了。这时只有阿标还在死盯着我，因为我的鸟鞋月销1万多双，由此产生的利润勉强还能给我"续命"。

阿标的资金链也很紧张，2017年年初他因为炒股亏掉了工厂的流动资金，之后为了对付我，又把房子和保时捷卡宴都抵押了。

相比之下，我的处境更艰难，因为我已经没钱了，每天入不敷出。有人可能会问我怎么不卖房子，其实我当初开工厂的钱就是靠我妈卖房子凑的，后来我看了一些"大 V"关于当时房地产市场的分析的微博，后悔万分，发誓今后再也不卖房子了。

我和阿标两人同时面临人生的绝壁，必须背水一战！

阿标率先进攻，把"鸟鞋"的价格降到了 198 元。当初我给他授权时说好了我们都以 259 元的价格卖这款鞋子，但忘了严格写到合同条款里，这才让他有机可乘。这么一来，许多消费者都跑去他那里去了，其店铺的日销量很快超过了我的。

面对阿标的攻势，我也想给鞋子打折，但是因为正好报名参加了"天猫新风尚"的活动，鞋子的价格被锁死，店铺也没什么流量。我只能眼睁睁看着店铺的销量一天天往下掉。到了当年 10 月中旬，阿标的鞋子的月销量超过了 2 万双，而我的还不到他的 1/4。

阿标对付我的方法很卑鄙：低价抢客，并将整个店铺打造得与我的几乎一模一样，但没用我的一张原图。因为按规则，对于盗图行为，我可以通过投诉让平台下架盗图者的相关商品。狡猾的阿标利用规则漏洞，盗了我的优质买家秀。他还把所盗的买家秀发在了朋友圈，就为了气我（现在许多消费者对摄影棚里拍的模特照已经产生审美疲劳了，反而倾向于看到真实的产品照片，将好的买家秀放在详情页对销售的促进作用是很大的）。

然而我并没有生气，因为我发现了机会。

扭转乾坤

我找了以前做阿里巴巴导师时的学生小雨，小雨很漂亮，身材比例很好。我请小雨穿着"鸟鞋"入镜，拍了一张买家秀，把它放到了详情页最突出的位置。这张买家秀实在太完美了，我认为用了它至少能提高 1% 的转化率，阿标那样的人怎么会不占这个便宜？

2017 年 10 月 29 日是我终生难忘的日子，那一天，阿标真的上钩了。他盗了这张买家秀，并将它放到了自家店铺的首屏。

我控制住激动的心情，用颤抖的手在淘宝的投诉页面依次点击投诉、上传原图、确认。

不出意外，第二天，阿标的"鸟鞋"被下架了。他发了疯一样地给我打我电话，发微信向我忏悔，希望我撤销投诉，说自己为"鸟鞋""砸"了很多钱，一旦"鸟鞋"被下架，他家的工厂就要倒闭了，还说自己欠了很多贷款，但有老婆、孩子要养……

面对阿标的哀求，我有点心软了。但回想起这些年来，我曾无私地帮助阿标、阿昌、阿华等人，换来的却是一把把利刃，它们穿透了我的心。如果我现在放过阿标，他以后会放过我吗？

我不想再思考这些，索性关掉手机，开车回家。我太累了，只想和家人在一起。

"双十一"当天，凭借"鸟鞋"的热销，我的店铺的成交额超过了 800 万元，阿标的老顾客为此贡献了巨大的力量！困扰我已久的资金问题终于缓解了！

后来，阿标家的工厂倒闭了，听说他的老婆也和他离了婚。对此，我也很难过，毕竟我们曾经并肩作战。但我希望他能够吸取教训，好好反思自己。

这就是商战，非常现实，甚至有些残酷。

虽然我犯了无数错误，却总是得到幸运之神的眷顾。

不知道为什么，对手一轮又一轮、一波接一波地出现，没完没了地攻击我，攻势一次比一次猛烈。

我已经伤痕累累，十分疲惫。

也许有一天，我会被打倒，可那一天不是今天。

此时此刻，我依然站在风中，心绪却并不混乱。

03 电商的本质

虚拟货架上的真实博弈

普通人要想做电商，一定要把两个要素——流量和转化率弄明白，这样可以少走许多弯路。

先说流量。流量 = 曝光量 × 点击率。曝光量的意思是有多少人看到你的店铺，点击率的意思是在看到你的店铺的人中，有多少人进入你的店铺。比如，1 万人看到你的店铺，其中 5% 的人进入你的店铺，那么你的店铺的点击率就是 5%，流量就是 500。

曝光量主要取决于店铺所处的"地段"。你可以把淘宝想象成一个实体大卖场，你的店铺的曝光量在很大程度上取决于它所处的地段。实体店所处的地段越好，租金越高。相应地，你想让自己的店铺占据一个好位置，就需要花更多推广费。

从成本的角度看，流量分为免费流量和付费流量。

就像新开的商场，因为商户不多，商场会采取各种诱人的手段，比如免租金、发放补贴来吸引商户。当商场的人气旺了以后，租金就会上涨，如果你嫌贵，那么商场就会把你换成更有实力的商户。

电商平台也是一样的，新平台有大量的免费流量。平台成熟以后，就要开始"收租"了。这个时候，除非你有独一无二的产品，否则必须适当向平台付费，才能确保流量稳定。

从属性的角度看，流量分为搜索流量和推荐流量。

就像超市会为各个区域分类，便于消费者快速找到所需产品一样，在电商平台上，消费者通常是通过关键词搜索产品的，因此关键词的排名是商家关注的焦点。我们在淘宝上搜索产品时会发现，有的产品图片右上角带有"广告"二字，这代表付费推广，不带"广告"二字则代表自然推广。

用户在浏览购物网站的时候，系统根据用户的喜好有针对性地为其推荐一些产品，这就为商家带来了流量，即推荐流量。比如，我喜欢吃海鲜，打开我的淘宝首页，看到的几乎全是海鲜；厂嫂喜欢穿搭，打开她的淘宝首页，看到的几乎全是女装。推荐流量同样也分付费和免费两种。现在的趋势是，在越成熟的平台，付费流量的占比越大。

再说转化率。转化率 = 购买的人数 / 进店的人数 × 100%。 比如，500 人进入你的店铺，其中有 50 人下单购买，那么你的店铺的转化率就是 50/500 × 100%=10%。

其实进入店铺的大多数人只是看看，要想促使他们下决心购买，你还需要做好许多工作。产品的品质、"颜值"、性能、性价比，以及促销手段、售后服务、消费者评价等因素都非常重要。你需要在产品介绍里，特别是主图和详情页里把这些关键点呈现出来，才能大大提升转化率。

决定转化率的另一个关键点是人群标签。很多人只看不买，是因为他们本身不是产品的潜在消费者，仅仅是出于好奇才进店看看。记得上大学时，我带着女友夏岚来杭州玩。我家住清波门，旁边就是南山路。有一天，我骑自行车载着她去南山路闲逛，路过一家新开的保时捷销售门店时，我们就一起进去了。很明显，当时的我们只是进来看看，根本不是这家门店的潜在消费者，所以销售人员对我们的态度比较冷淡。

做电商时，你需要用一定的技巧来筛掉非目标消费者。这样做的目的是让你的店铺标签变得精准，只有当你的店铺标签精准了，平台才会给你推送更多精准的流量，店铺的转化率就会越来越高。如果你选择付费推广，情况就更简单了。现在平台可以把人群标签设置得非常精准，消费者的性别、年龄、收入、爱好、是否有孩子、是否养宠物、喜欢什么风格、住在哪个区域，都会被平台标记。你在投放广告的时候，精准选择和产品匹配的人群即可。

现在流行直播，但是在直播间购物的退货率非常高，这和直播间的人群标签不精准也有关系。本身购买意愿不太强的一些人会被主播的话术引导，进而冲动消费，而主播往往会强调产品支持 7 天无理由退换，比如销售衣服时，主播可能会暗示消费者可以在试穿 6 天后退货，这导致大量消费者把直播间当作"试衣间"。

　　当然也有人群标签非常精准的直播间，比如我公司的生鲜直播间。我们利用广告引导消费者进入直播间，并在进行广告投放时设置了非常精准的人群标签——中高等收入水平、关注饮食健康的发达地区的中青年消费者。这样直播间的转化率就非常高，退货率也比较低。

　　关于直播，我有大量的实操经验，相关内容将在后面讲解。

04 货架电商的运营

如何让产品在货架上"闪闪发光"

随着短视频和直播的兴起，我们开始把淘宝、天猫、京东、拼多多等平台上那种传统的通过图文展示产品的电商模式叫作货架电商。顾名思义，在这种模式下，你在平台上买东西就像去超市买东西，目的明确，可以根据货架来找货。

而视频电商和直播电商则被称为内容电商，通过 KOL（Key Opinion Leader，关键意见领袖）和 KOC（Key Opinion Consumer，关键意见消费者）对产品进行内容演绎，来影响消费者的决策。这有点像逛街，消费者在休闲娱乐的过程中看到自己喜欢的产品，从而下单购买。当然，系统会根据消费者的喜好来为其精准推送产品，尽可能地提高转化率。事实上，现在内容电商的转化率并不比货架电商低，只是由于冲动购物的现象比较普遍，导致内容电商大多数类目的退货率比货架电商高10% ~ 20%。

那么应该如何做好货架电商呢？在我看来，三分靠运营，

七分靠产品。

很多传统企业的老板刚接触货架电商时，认为做货架电商非常难，所以就找代运营公司帮忙运营店铺，但效果往往不好。这也难怪，代运营公司可能并不懂这家店铺里的产品，也不愿意花心思去研究，效果怎么可能会好呢？说到底，在店铺运营方面还是要靠自己。

在做货架电商时，除了需要认真运营店铺，还需要对产品进行塑造，具体包括以下六步。

第一步：建立一个小团队。 建立小团队的目的之一是让老板把店铺运营的每个环节都搞明白。通常一家小店铺需要一名运营人员、两名客服、一名美工、一名发货人员，这样配置足矣。我不建议一开始就组建大团队，哪怕是大公司也不例外。

老板多少要懂点运营知识，否则很容易被忽悠，不明不白地损失很多钱。现在网上有大把的免费资料，自学相关知识很方便。我经常建议老板们在起步阶段自己运营店铺，如果你很忙，实在没时间，那就请一名运营人员。通常一名专业、有经验的运营人员的月薪为 8000 ~ 12000 元，工作涵盖产品的日常上下架管理、销售策略的制定、店铺和产品的推广等。

到了后期，运营人员可以细分成店长和推广员两个角色，前期运营工作少，因此一个人就能完成。

通常两名客服是标配，分两班工作。如果订单量不是特别大，老板也可以自己兼职客服。

　　美工是非常重要的角色。业内有句话：做电商就是"卖图片"。这足以说明产品和店铺的视觉效果会直接影响转化率。所以最好找有经验的美工，美工的月薪通常为6000 ~ 12000 元。

　　许多美工其实不喜欢被人称为"美工"，一般我们都称呼他们"设计师"，这是一种职业尊重。这里之所以称"美工"，是为了方便大家理解，避免将他们和产品设计师混淆。

　　至于发货人员，在初期发货量不大的情况下，很多夫妻小店的店主会选择自己兼职。

　　我刚起步的时候也经常兼职做客服和发货。你能想象一个在外贸领域年销售额过亿元的老板，在运营淘宝店的同时，还经常做客服、做美工、打包发货吗？没办法，爆单的时候我来不及招人，只能亲力亲为。不过，正因为我这些岗位都做过，才积累了丰富的经验，这些经验对我日后管理公司和建立各种考核制度有非常大的帮助。

　　第二步：备货。在前期，我建议采用多品种、少库存的策略，谨慎备货。当出现销量较高的热卖品或者爆品，再追加相应产品的库存数量。但是一定要注意监测产品的动销率，避免卖不动的产品占用库存，毕竟库存也是钱。我之前就是因为库存太多，最后只好以白菜价清仓。

　　第三步：拍摄产品图片（包括主图和详情页图片），条件允许的话，还可以拍一条产品介绍视频。这些都可以通过专

业的第三方机构来完成。一般来说，一款产品的拍摄成本为
300 ~ 1000 元。淘宝上也有一些追求低价跑量的摄影机构，
他们拍摄一款产品只收 100 元。我的很多产品图片都是自己
拍的，我也找过超模出镜，拍摄一次的费用为几万元。总体来
说，我们可以根据自身产品的属性和预算来选择如何拍摄。

第四步：上链接。这一步通常由运营人员和美工协同完
成。链接内容包括标题、主图、视频、详情页和定价。

标题需要涵盖足够多的关键词，尽可能精准地描述产品，
因为这是消费者找到产品的入口。

主图有 5 张，很多人只重视第一张，这是很大的错误。请
记住，每一张主图都至关重要。许多消费者不会看详情页，而
是通过浏览几张主图来进行购买决策的。因此我们可以把主图
理解成详情页的缩小版，尽可能在这几张主图中嵌入最具优势
的产品卖点。

若要拍摄产品介绍视频，最好让真人把产品的特性、使用
方法、优点都讲一遍，注意也要说出缺点，这样更能获取消费
者的信任，同时能避免售后问题。如果不知道怎么拍摄产品介
绍视频，可以参考短视频平台上销量较高的同类产品的介绍
视频。

详情页的重要性仅次于主图。它有一个固定结构，该结构
通常是：先突出产品的卖点、资质报告，塑造产品的价值；接
着通过对比来消除消费者的一些顾虑；最后进行全方位、多角

度的产品展示，呈现产品的详细参数等，体现专业性。当然，只有少数消费者会看完详情页，大多数消费者仅仅通过主图以及详情页的前 3 屏来决定是否购买产品。

第五步：推广。这是运营人员的重要工作。之前说过，从成本的角度看，流量分为免费流量和付费流量。免费流量是系统决定的，消费者根据产品的关键词来搜索产品，而系统根据店铺的销售额、评价、转化率来决定店铺的搜索排名。店铺的搜索排名越靠前，获得的免费流量越大。

一些商家为了获得免费流量，会选择通过人工干预制造虚假数据去影响系统的判断，这明显是一条歪路。正确的方式是先付费推广，让产品在各方面达标，确保消费者拥有较高的满意度，这样免费流量就会源源不断地产生。

付费推广曾是一项技术活，但是时至今日，系统越来越智能，推广也变得异常简单。你可以将推广理解成开车，以前需要手动驾驶，现在自动驾驶开始普及，其效果并不比手动驾驶差。

第六步：发货和售后。这一步同样重要，因为现在的平台比以前更重视消费者的售后体验，发货慢、发错货都会导致店铺面临处罚，除了给店铺带来经济损失之外，对店铺的流量也有很大影响。

我做电商十几年，完整经历了电商领域的变迁，对此感慨万千。以前，我只要有产品就能卖货。后来，我除了需要有产品，还需要结合一定的运营技术才能卖得动货。但是现在，逻辑又发生变化了，我除了需要有好的产品，还需要借助一个舞台把产品的优缺点呈现出来，从而获得消费者的信任。这个舞台就是内容电商平台。目前比较成熟的内容电商平台包括抖音、快手、小红书、视频号。如果你在这些平台上卖货，只要你的产品过硬，或者有达人愿意帮你带货，你获得的流量可以让你的产品销量在短时间内实现爆发式增长。

所以成熟的店铺还需要设置一个岗位：商务。商务相当于销售人员，负责寻找合适的带货达人。建议找采用纯佣金制的带货达人，佣金率根据类目的不同而有所不同，通常为20% ~ 40%。相对来说，食品类的毛利率低，达人的佣金率会低一些；而美妆、服装等为高毛利率产品，达人的佣金率也相应高一些。

值得一提的是，很多商家虽然自己不做内容电商，但是找了海量达人带货，日子过得也不错。对于这方面的具体内容，我会在后面给大家介绍。

05 内容电商的运营

好内容，就是最强卖点

带货达人

在货架电商时代，消费者、商家、平台构成了一个简单的生态体系。而在内容电商时代，消费者、商家、带货达人、平台构成了一个更复杂的生态体系。现在，带货达人可以和商家合作，商家除了可以找创作者合作之外，也可以自己创作，为自己代言。与此同时，销售的渠道和方法都变得更加丰富。

在介绍相关内容之前，我先来明确两个概念——KOL 和 KOC。

KOL 是营销学上的概念，通常指对某群体的购物行为有较大影响力的人，现在泛指"网红"、带货达人、自媒体人，他们在某些领域有一定影响力，粉丝对他们有信任感，因此也会为他们带货的产品买单。

KOC 一般指能影响自己的朋友、粉丝等人，使其产生消费行为的消费者。相比于 KOL，KOC 的粉丝更少，影响力更小，优势是更垂直、推广成本更低。抖音、小红书、微博上粉丝数量不多的达人，快团团的团长，也属于 KOC。普通人如果做不了"网红"，做 KOC 也挺不错的。从消费者的角度看，我们很多时候未必相信"网红"，但是会倾向于信任自己的亲人、老师、同学等人的推荐。这些人如果在推荐产品这方面获得了良好的口碑，就属于 KOC。

我发现的很有意思的一点是，在与不花心合作过的数千位 KOL 中，许多头部主播、明星所产生的销量在很多时候还不如一些只有几千或 1 万名粉丝的主播、达人。为什么会这样呢？原因在于信任感的区别。

一些头部主播、明星给我带货生鲜产品，通常只能卖几百单，因为他们只是推荐产品，并不了解产品的特性，讲解不够专业。而且他们太忙了，在一场直播中要带货几十甚至上百款产品，没有时间逐一去仔细了解，对于我提供的手卡也忙得没时间看，能够卖出几百单其实已经非常不错了。

而且粉丝对他们的定位更多是情绪价值的提供者，而不是行业内的专家，因此粉丝买单的重要理由就是产品便宜。只要他们卖的是刚需产品，且比楼下超市便宜很多，那粉丝往往就会买，毕竟谁会跟钱过不去呀？所以大家看到一些明星直播带货的销售额破亿元，那么这场直播一定拿到了商家很大的折扣。

　　头部主播和明星凭借人气确实可以在商家那边把价格压下来，从而吸引消费者。而商家可以借助头部主播和明星的名气来宣传自己的产品，从而达到双赢的效果。

　　再来说与不花心合作过的 KOC。他们在单场直播中的表现往往比许多"网红"还要好，给我带货的一些不知名主播经常能创造卖出上千单的佳绩，其销售额比拥有上千万名粉丝的头部主播还高。究其根本原因，还是他们够专业，虽然他们的粉丝不多，但是粉丝足够信任他们。

　　给我带货的 KOC 主要是美食家、健身博主。因为不花心的主打产品虾仁和挪威青花鱼都属于低脂、有营养的优质食品，配料又干净，它们对于这些达人的粉丝来说是刚需产品。如果粉丝信任的达人推荐它们，粉丝自然就会"闭眼购买"。

　　我是品牌商家，同时也是带货达人，但是我并不经常直播销售自己的产品，其实这也涉及一个与电商有关的知识点。**在内容电商领域，最高效的打法为：商家找海量达人，达人找海量商家。**

　　道理很简单。达人的粉丝数量有限，而大多数产品的复购周期比较长，所以达人不可能经常卖单一产品。达人往往会根据粉丝的人群画像，与不同商家合作，销售粉丝所需要的各类产品。而一个达人通常每个周期只能带一次货，所以商家需要找海量的达人合作才能卖更多货，满足经营和发展的需要。

如何做内容电商

从上文我们可以发现，商家找达人带货是一条不错的路子，但是很多小商家没有旗舰店，产品也缺少知名度，他们很难找到达人合作，于是不得不通过自己开直播、写"种草"笔记或者拍短视频来给自己代言，这里面也涉及许多方法论。

大多数小商家做内容电商时注重"打骨折"，在直播间里用吸引眼球的方式介绍产品，利用低价的优势吸引消费者。这也是一种普遍的打法，但是由于门槛太低，小商家容易陷入价格战的恶性循环。

我在货架电商时代就饱受价格战的困扰，所以如今的我很厌恶价格战。在这里，我要感谢众多内容电商平台给了我一个表现自己的舞台，让我的产品在并不便宜的情况下经常爆单。我记得 2024 年春节前，凭借一句"过年吃蟹钳，越吃越有钱"的广告语，我没有多少粉丝的天猫旗舰店在 3 天内卖完了 2 万包蟹钳。春节后，我本人亲自拍摄视频，在抖音旗舰店把自家青花鱼的卖点表现得淋漓尽致，使其一举成为爆款，半年卖了 30 万包。

后来，我又亲自拍摄视频，在同样没有多少粉丝的微信小店把售价 588 元的银鳕鱼礼盒也卖爆了，这让我自己都觉得意外。毕竟 588 元的生鲜产品连我自己都舍不得买，竟然能卖得如此火爆。

对于如何做内容电商，我把自己的方法论总结给大家。

1.建立信任感：采用展现专业性、强调品牌价值、利用权威背书等方法，用最短的时间让消费者信任你。

2.塑造价值：突出产品的卖点，如性价比、稀缺性等，来让消费者认可产品的价值。

3.打消顾虑：把让消费者犹豫的问题逐个解决掉，比如明确产品的使用期限、承诺产品损坏包赔、确保物流运输顺畅等。

4.营造紧迫感：通过限时促销、限量销售等方法促成交易。

举个例子，我最近卖得最火的产品是挪威的 FROYA 三文鱼，这款产品属于欧洲三文鱼中的"天花板"，在抖音、小红书、视频号上的销量都较高。我的合伙人取得了它的独家代理权，每周进一次货，我负责线上销售，每次只要一发视频就能快速卖光产品，都不需要开直播。我们之所以能让这款产品畅销，就是因为用了以上方法论。

相对于直播带货，我更喜欢视频带货。虽然我每次直播时人气都很高，我的公司也同时开了 3 个直播间，但是我本人每个月最多直播一次。因为在研究了直播带货和视频带货的底层逻辑之后，我发现二者其实区别不大，但是用视频对我而言更省力。其实视频就是短直播，直播就是长视频，在销售很多产品时，视频的优势比直播更大。由于平台流量分发机制的存在，主播更喜欢利用话术和套路促使消费者冲动消费，这就会导致很高的退货率。通过视频购物的消费者相对理性一些，退货率就会低很多。

同时，我们发布的视频可以长时间留存并持续发挥"种草"作用，而直播会随主播下播而结束，不能持续推动销售。此外，我们可以在视频文案中埋下关键词，消费者通过搜索关键词就能找到以前的视频。我两年前发布的带货视频现在每天还能促成订单，这正是因为我在其中埋下了足够多的关键词，这些关键词吸引了很多消费者。可能大家还没注意到，人们的购物习惯正在悄然改变。图片太平面了，直播又太冗长了，而视频可以在短时间内全方位地呈现产品，所以很多人喜欢通过观看视频来种草和下单。时代变化得太快，也许再过 5 年，我们回头看现在的传统电商产品链接，会发现它就像 20 世纪的过时产物。

当然，直播在销售部分类目的产品方面有很大的优势。比如，销售服装（需要呈现上身效果和材质）、奢侈品（需要得到多方位展示）、知识类产品（需要实时教学）时，直播就比视频有优势。

不管怎样，在未来很长一段时间内，直播带货和视频带货都是内容电商领域不可缺少的带货方式。我们很难说二者孰优孰劣，大家选择适合自己的就好。

06 如何直播

用一场直播让订单量瞬间攀升

我虽然偏爱视频带货，累计制作了超过 3000 条视频，但是直播带货也是我公司的重要业务。我本人也是最早一批进入直播行业的人之一，参与过近 200 场直播，涉及服装、食品、珠宝、知识付费等领域，其中 GMV（Gross Merchandise Volume，商品交易总额）超过百万元的场次也不少。我在直播方面的经验也算比较丰富，接下来我给大家分享一下相关知识。

直播间类型

1. 免费版

注意，我这里说的是电商直播间，不包括娱乐直播间。

（1）特色产品型。针对特色产品，可以在特定的场景和造型上下功夫，通过建立信任来引流，例如在大草原上穿着蒙古袍卖牛羊肉。

（2）表演猎奇型。这是指通过表演或者营造特殊场景来引流，有点像街头卖艺。比如，一群人跳舞能一下子吸引大量人围观，围观的人多了，自然就能促成交易。其缺点是容易让消费者觉得腻。

（3）"憋单"型。利用销售 9.9 元福利款、送产品等方式积累人气，吸引大量想"薅羊毛"的人围观，在形成聚集效应后促销，从而促成交易。其缺点是可能使消费者反感。

（4）低价跑量型。采用全场 9.9 元包邮的策略，让人产生能占到便宜的感觉。其缺点是可能赚不到钱。

（5）个人 IP 型。依托粉丝的喜欢和信任销售产品，往往不需要投流。其缺点是容易使粉丝觉得腻，且必须确保价格实惠。

（6）穿搭过款型。需要优秀的模特型主播通过不断试穿展示和讲解来吸引消费者，适用于销售服装、鞋类。其缺点是竞争激烈，早晚要转成付费版。

（7）知识教学型。这是指在教学的时候顺便卖货，比如教给观众如何用空气炸锅制作美食时顺便卖食材，教某种知识时顺便卖课程。其缺点是容易被其他人复制，需要不断换花样。

如果选择以上几种直播间，我们不仅需要获得源源不断的自然流量，还需要关注以下指标：千次 GMV、互动率、加粉率、加粉丝团率、曝光进入率。

2. 付费版

付费版直播间就简单多了，一般适用于销售常规产品。在用付费版直播间销售产品时，你可以选择匹配的人群进行投流，这么做的优点是能使流量精准、稳定，缺点是需要花钱买流量。一般来说，在产品毛利率不低于 20% 时才适合付费购买流量，否则效果会不明显。

虽然我的生鲜直播间的人数不多，但是由于付费购买的流量很精准，转化率很高，实际营业额并不低。目前，我的生鲜直播间已经开播两年，ROI（Return on Investment，投资回报率）越来越高。相比行业内许多昙花一现的直播间，我的这个直播间算是"寿星"了。

直播间流量原理

你是不是经常发现，有的直播间有上万人在线，有的却只有寥寥数人？你可能会想当然地认为，有上万人在线的直播间应该日进斗金，只有寥寥数人的直播间可能快要关闭了。其实不然。直播间的在线人数取决于两个指标：一个是流速，也就是系统推流的速度；另一个是平均停留时长，也就是每个人观看的平均时长。在一个流速很快的直播间中，哪怕每个人只看一分钟，在线人数也会有很多。而在一个场观人数不高的直播间中，如果大家从头看到尾，那在线人数也是很多的。

　　要想运营好一个直播间，我们首先要熟悉平台的流量推送机制。下面介绍两种流量推送机制，大家一定要将它们搞明白。

　　一是自然流量的推送机制。

　　各大平台的电商直播间流量推送机制大同小异，其核心依据是各类考核指标。第一类考核指标是最重要的，与成交密切相关，包括千次 GMV 和 UV（Unique Visitor，独立访客）价值——大概意思是平均每个人在你这里花了多少钱。比如，一场 1000 人观看的直播产生的销售额为 1000 元，那么千次 GMV 就是 1000 元，而 UV 价值就是 1 元。

　　为什么平台把成交看得最重要？其实站在平台的角度看，它的利润来自抽成，你卖的货越多，它的抽成就越多。如果你是平台，你也一定愿意把流量推送给卖得动货的直播间，这样才能让利益最大化。

　　与成交相关的指标还包括成交频率和成交密度，它们同样至关重要。

　　第二类考核指标是进入率，它是指在看到直播间的人中进入直播间的人的占比，有点像我之前说的点击率。要想提升进入率，必须保证直播间足够吸引人。具体而言，直播画面要有视觉冲击力，比如呈现诱人的美食的场景；主播要能提供情绪价值；直播内容要有吸引力，比如介绍能引起观众兴趣的产品或者场景。此外，直播时还可以体现产品的高性价比，比如在工厂仓库里直播，让消费者在潜意识中觉得没有中间商赚差价。

第三类考核指标是互动率。以抖音为例，互动率涉及评论数、加粉率、加粉丝团率以及点赞数。其中最重要的是加粉丝团率，抖音把它当成关键指标，这是因为加粉丝团是需要支付0.1元的，加入粉丝团的人多，说明喜欢你的人多，你的直播间是受欢迎的。

评论数多和加粉率高，说明你的直播间有人气、够热闹。点赞数相对来说不那么重要，哪怕你找几个伙伴为直播间疯狂点赞，对直播间推流的帮助也不会很大。

另外，平台为直播间推流的算法一直在变。比如，以前平台重点考核停留时长，认为用户在直播间停留的时间越长，直播间越有吸引力，这导致部分主播用套路骗用户停留，进而引发负面舆论，给平台带来损失。因此平台逐渐淡化停留时长这个指标，转而重点考核与成交相关的指标。

二是流量池机制。

通常平台把直播间分为6个等级，它们依次分别为E、D、C、B、A、S。最底层的是E级，对应在线人数为个位数的直播间。当你的直播间在数据方面持续表现良好，平台就会提升你直播间的等级。

根据我从某第三方平台查到的数据，以2024年某天为例，同时直播的25万多个直播间中，有13万多个直播间为E级，它们能分到的流量仅占全平台总流量的 1.32%。当时看直播的总人数为 1900 万人，因此这 13 万多个直播间一共只分到约 25 万人，平均每个直播间只能分到约 2 人。自然流量最大的是 B、A 级直播间，其数量占直播间总数的 4%，却分走了全平台 57% 的流量。S 级直播间有 141 个，占直播间总数的 0.05%，却分走了 16% 的流量。这种直播间的在线人数通常有上万人，所以大家不要觉得有上万人在线的直播间很多，实际上能过万人的直播间只是凤毛麟角。

从这里可以看出，直播也体现了强者愈强、弱者愈弱的马太效应。每天都有数万个直播间开播，能被我们看到的只是极少数。但是大家也不要心灰意冷，可以尝试一下付费投流。我公司的直播间虽然在线人数只有几十上百个，但是由于流量精准，销售额并不比那些在线人数更多的直播间低。

直播间运营方法

1. 运用"憋单"法

采用这种方法时，主播会介绍一款性价比非常高的产品，利用各种话术把直播间的人气"憋"起来以后才上链接，然后不断重复这一过程。

以上介绍的是常规版的"憋单"法，还有升级版的"憋单"法，它是我自己琢磨出来的，我称之为递增涨价法。去年，我的公司有 200 罐鲍鱼罐头快临期了，于是我决定清仓，将原价 89 元 2 罐的鲍鱼罐头以 9.9 元的价格在一个没有人气的直播间售卖。我将鲍鱼罐头铺满整张桌子，营造出一种强烈的视觉冲击感，然后直接吆喝："2 罐鲍鱼罐头仅卖 9.9 元，共 30 个名额，卖完以后涨价。直播间满 30 人上链接！"就这样，我很快接住了第一波流量，用户持续待在直播间，我憋了 10 分钟才上链接。30 罐鲍鱼罐头很快卖完，系统判定我的直播间的成交效果不错，持续为它推流。于是我将 2 罐鲍鱼罐头的价格涨到 19.9 元，设定了 50 个名额……不一会儿，直播间的在线人数就过百了，我顺便卖了一些正常价格的虾仁、黑虎虾。最终，我用这个方法在这场直播中一共卖了价值 5 万多元的货。

2. 平播

由于平播获得的流量小，主播通常需要把直播时间拉得很长。很多直播间 24 小时直播，多个主播隔 3 ~ 4 小时换班。普通人也能连续直播，但是这样做会很累。

平播也讲究技巧，比如运营人员要尽可能把场景搭建好，以提高进入率；主播的情绪表达要到位，哪怕只有一人在线，主播也要展现出面对 1 万人时的激情，这样才能留住人。

3. 利用短视频引流

直播账号每天可以发布很多短视频，如果能使短视频内容和直播间内容高度契合，就可以为直播间引流。特别是在短视频爆火以后，马上直播的效果相当好。如果短视频的综合完播率高于20%，5秒完播率高于30%，就很容易实现同频共振。

4.同频共振

同频共振是比短视频引流更高一级的方法，我比较喜欢这种方法，它目前在抖音、快手、视频号这些主流直播平台都适用。

我最早是在直播间卖库存服装时发现这个方法的。那是2021年，拉夏贝尔正在清仓，于是我拍了一条有关收购拉夏贝尔库存服装的短视频，展示了仓库里堆积如山的库存服装还有打包的场景，并以"时代的眼泪"为标题。该短视频发布后，刚开始数据一般，但是到了我直播的时候就大幅增长，在我下播后又停止大幅增长了，每次都是这样。直播间数据显示，80%的流量来自该短视频。

我还发现，每次短视频数据大幅增长的时候，我的直播间只要卖的是拉夏贝尔的衣服，就有许多人进入；换成其他品牌的服装，就没有人进入。于是我持续卖拉夏贝尔的服装，效果立竿见影，直播间的在线人数从几十飙升到上千，直播一小时的成交额突破了10万元。我将库存服装卖完后，直播间里的人便迅速离开了。我后来又为其他品牌的服装拍了类似的短视频，也都成功吸引了许多人进入直播间，并促成了大量交易。

于是我就去查各种资料，研究其中的原理。大家知道，短视频和直播的受众是两批不同的人，但是二者能相互影响。短视频表现好，可以为直播间引流。反过来，直播间表现好，也能为短视频引流。二者同时表现好，就可以产生协同效应，这就是同频共振。

因为我们在观看短视频时进入直播间，短视频依然在后台播放，我们在直播间的停留时长也同时被计入短视频的完播率和播放时长，这导致短视频数据不断增长，平台由此不断给短视频推流。与此同时，短视频不断为直播间引流，从而使直播间人数暴涨。

同频共振是抖音为了鼓励创作者，帮助优质短视频和直播间联动而设计的。当然，平台为了防止作弊，也设置了 3 个基本要求：短视频和直播间中的产品要高度匹配，比如短视频介绍的是羽绒服，直播间也必须销售羽绒服；短视频最好是当天拍摄的，有条件的话可以多拍几条，至少在开播前半小时发布；一般情况下，短视频的整体完播率要达到 20%。

我后来销售生鲜产品时也用了这个方法，相继将金枪鱼和黑虎虾打造成爆款。但是要注意，同频共振存在局限性，适用于销售具有一定稀缺性的产品。

5. 打造个人 IP

如果你是个人魅力特别强的主播，粉丝被你深深吸引，每天伸长脖子等你开播，你就不愁没流量。我之前说的直播，都是指我以素人的身份用没有多少粉丝的账号开播。但是如果我以"风中的厂长"这个身份在微博为直播预热，再去抖音或者视频号开播，那么直播间的人气一般都很高，而且我不需要为向直播间引流花一分钱，这就是打造个人 IP 的好处。

直播在如今的电商行业中是不可缺少的一环，特别是对我们这种品牌方来说，如果希望有稳定的业绩和利润，必须打造一个涵盖直播带货、视频带货等多种渠道的闭环。在这个闭环内，不同渠道之间的流量可以相互转化。采用这样的方式会比依赖单一渠道稳定许多。

07 达人带货

影响力，就是最直接的成交力

我原计划把本节内容放在自媒体篇讲解，但是由于这节和电商的相关度更高，最终还是决定把它放在电商篇介绍。

如何成为带货达人

我有许多微博粉丝，其中一些受我的影响成了带货达人，一些兼职带货，能有几千元甚至 10 万元以上的兼职收入。

如果你没有做电商的经验，没有经济实力去囤货，但是有激情，热爱销售、创作和表演，那么我觉得你应该试试做带货达人。

目前，各大平台都为你做带货达人提供了机会。你不需要办理营业执照、囤货、请客服、发货、售后，只需要账号有 1000 名粉丝和一张身份证，就能开通橱窗。

橱窗开通后，你就可以加入各大平台的联盟。抖音、快手、小红书、视频号都有海量的产品库，涵盖服装鞋袜、食品生鲜、数码家电以及生活服务、旅游教育，都可供你带货。如果你在带货方面做得好，那就比开店舒服多了。你不用囤货，不用请客服，不用发货，不用售后，这些事都由商家替你完成，你只需要想办法将货卖出去就可以了。

但是新手需要自己买样品，通常只有在粉丝数达到 1 万以上时，商家才有可能愿意免费提供样品。多数商家也是很现实的，如果允许新手免费拿样品，在免费提供大量样品但产品未被卖出去的情况下很容易面临亏损，毕竟顺利带货是很难的。大多数人难以顺利带货是因为不懂销售，所以我在这本书中用了大量篇幅来讲与销售有关的内容。

带货的第一个环节至关重要，那就是选品，而选品也是销售的一部分。新手一般都是在产品库里选一些容易卖的爆品，爆品的转化率会相对高一些。

如何选择爆品？以抖音为例，抖音的产品库——精选联盟中有榜单，也有每日爆款，你可以从中找到感兴趣的产品，观察它的销量曲线，以此判

推广数据 30天▾		全部 视频 直播 图文 橱窗

销量 868	浏览量 212.34万	出单达人数 270	下单转化率 0~2.5%

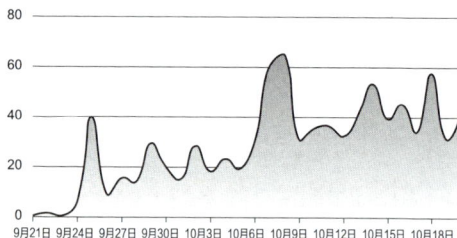

断销量的走势。尽量选销量曲线上升的产品，对于销量曲线下降的产品，可以等待它的下一个生命周期。

上页图为某保暖内衣 30 天内的销量曲线，可以明显看到随着天气变冷，销量明显上升，这说明它处于增长期，是不错的选择。

如果你选择视频带货，在一款产品刚走红时，你马上跟卖，学习相关爆款视频的拍摄手法，"蹭"一波流量，往往是可以赚一波的。但是一些爆品的生命周期很短，它们经过多人带货后，很快就"烂大街"了，销量迅速下滑。所以高手一般不选爆品，而是选潜力股。

潜力股一般都是刚需品，或是具备性价比高、"颜值"高、新奇等特点，很容易让人冲动消费，比如日用百货、厨房用品、零食生鲜、农特产、潮玩类、配饰类。而服装类、美妆类、大家电这些需要详细讲解且单价又比较高的产品适合直播带货。

此外，文案要能突出产品的优势，塑造产品的价值感，突显产品的性价比、品质等。我们可以通过对比来突出产品的性价比，比如在饭店里吃某道菜要花 200 元，自己买食材在家做省钱又方便；可以突出产品的季节性，比如夏日限定；可以突出产品适用的场合，比如节日送礼。文案还要消除消费者的痛点、顾虑，比如承诺售后无忧、包退包换。

在选品中心，系统通常会提供爆款文案的模板。如果新手不知道怎么写文案，可以根据模板进行创作，但这样很难实现差异化，容易造成成百上千人用同一个爆款文案模板的局面，导致消费者反感，影响产品销量。

因此，新手在后期要慢慢学会进行文案的修改。我推荐用DeepSeek 对文案进行二次创作，相关操作方法非常简单。比如，进入 DeepSeek 首页，将要修改的文案复制并粘贴到输入框中，同时输入"请帮我对这段文案进行二次创作，使其多一点新意，趣味性更强"，发送指令后，DeepSeek 就会对其进行二次创作了。

一般来说，露脸带货的转化率比不露脸带货更高，这是因为露脸能增强消费者信任感。如果由于各种原因不方便露脸，那就要确保文案和视频画面达到高水准，这样才能卖得动货。如果一个人既不露脸，也不解说，仅打几个字作为文案，配一段莫名其妙的音乐，这样做基本上是卖不动货的。

别看我说得挺简单，其实带货是一个复杂的系统工程，除非是天才，否则几乎不可能一朝一夕就成功。

这么多年来，我观察了无数账号，以及与我合作的上千名达人。我发现，现在发展得好的，都是不骗人、卖好货，逐渐与消费者建立信任的达人。这样的达人哪怕不露脸，其出单量也是很可观的。因为消费者在他们那里有了好的购物体验，逐渐相信他们的选品能力。而一些人虽然露脸，甚至拥有千万粉丝，因为不把控品质，在带货时多次翻车，最终失去了消费者的信任。

　　这里还要补充一点：对于刚接触带货的新人来说，短时间内很可能看不到效果。要想成功带货，需要积累经验。我身边有许多人在抖音上带货的时候不温不火，但是由于在带货的过程中积累了经验，后来在小红书和视频号上火了。

　　最近，一个粉丝"小麦"来向我报喜。3 年前，我有一套空着的房子，便将它借给她用于运营抖音账号"小麦爱美食"，同时亲自指导她如何带货。一开始，虽然她带货时销量平平，但是她在这个过程中学到了许多实用的方法。后来，她凭借这些方法成功地把小红书账号运营起来了。

　　另一个粉丝"虾皮哥"2022 年初受我的影响进入视频带货领域，到了 2023 年底都还没因带货获得什么收入，但是他始终坚持，终于在 2024 年上半年获得了回报：他不仅在视频号上卖了 9 万单产品，还帮我卖了几千单蟹腿肉和青花鱼。

　　他们的经历都说明：在带货之路上，坚持十分重要！

如何找达人带货

　　很多小老板在线下没有渠道，又不懂电商，他们能用什么办法打开销路呢？

　　答案就是找达人带货。假设找一个达人卖一次货能产生 10 万元的销售额，一年卖 5 次，销售额就是 50 万元。如果找 10 个达人，一年的销售额就是 500 万元。这种"小而美"的生意模式让人非常舒服。

找到达人后，可以自己开店并上产品链接，也可以不开店，直接将产品放在达人的店里销售，然后借助 ERP 系统接入各大平台，同步更新库存。此外，还可以用自己的仓库或者靠谱的云仓。

注意，库存不宜过多，应根据达人的带货数据合理备货。 宁可断货也不能让产品过剩，如果产品过剩，可以找抖音上的库存尾货销售达人来把这些货一次性清掉。

我为什么知道这些？因为上面所涉及的每一个角色我都扮演过。

曾有人问我，我是如何找到3000位美食领域的达人带货的。其实早在 2021 年运营"风中的小厨"的时候，我就开始慢慢认识一些品牌方的商务。随着时间的推移，朋友介绍朋友，我在这方面的资源就积累到一定程度了。另外，我发了 7 年微博，平时聊的话题又以电商和自媒体为主，因此我吸引的粉丝和圈友里面也有许多美食达人、团长，以及品牌方的商务。

如果你想快速积累这方面的资源，我建议你参考以下方法。

首先，想各种方法找头部达人给你带一次货，有了头部达人背书，后续你找其他达人合作就更方便了（要避免容易"爆雷"的达人，否则会适得其反）。采用这种方法时要注意避免被骗，许多"中间人"都是骗子，你一定要在事成之后再向

"中间人"付钱。

其次，多参加线下对接会。只要你在电商和自媒体这个圈子里，就能经常接触到这方面的展会信息。

最后，聘请一个资深商务。资深商务自带许多资源，也知道如何搞定达人，可以让你少走许多弯路。当然，能请到资深商务有一个前提，那就是你的产品质量过硬，毕竟现在大家都害怕在带货时翻车。

如果你是小卖家，请不起资深商务，只能通过私信联系达人。根据我的经验，不要联系中腰部以上的达人，这些达人往往不看私信内容，他们的商务也不缺可对接的品牌方。你可以联系那些只有几千或 1 万名粉丝的小达人，效率会高很多。当年我就是这样做的。注意，在选择达人时，不仅要看粉丝数量，更要看带货等级，给平台的后台会显示达人的带货等级。以抖音为例，如果一个达人的带货等级在 Lv 3 以上，其带货能力就算不错的了。

联系达人的时候，不要使用类似"您好，博主，我们有一款产品很适合您……"的语言群发，这样效果是很差的。尽量先做一些功课，比如使用类似"××哥，我是您的粉丝，我非常喜欢您的作品……"的语言和达人寻找一些共同话题，给达人留下良好的初步印象，再循序渐进地与达人谈合作，这样效果会好很多。切记在与达人沟通的过程中一定要真诚，不要玩套路。

此外，你需要知道达人喜欢什么，害怕什么。达人通常希望销量高、佣金高，所以大众快销品搭配高佣金比较受他们喜欢。他们很害怕翻车，翻一次车对个人 IP 伤害很大，翻几次就"凉"了，所以你的产品质量一定要过硬。

现在，市面上的产品同质化严重，卖家仅靠自身运营账号来使产品脱颖而出太难，而寻找优质达人并与其合作，可以使产品快速取得消费者的信任，这也算是一条捷径吧。

08 玩转跨境电商

一站式掌握核心技巧

在介绍跨境电商的相关打法之前，我先给大家分享两个故事。

跨境电商大佬张总

跨境电商属于外贸和电商的结合体，我从 2018 年开始就进入了这个赛道。我记得创业以后，每年过年亲戚聚会时，大家都会打听我在做什么工作。我说自己在做外贸，叔伯们就摇头："外贸啊，夕阳行业。"我说自己在开淘宝店，他们就问："你是不是找不到别的工作啊？"我十分无语，但又不想解释，只好顺着他们的话说。

后来他们听说我接触了亚马逊，做起了跨境电商，就很感兴趣，觉得这才是"高大上"的工作。我也很无语，其实跨境电商没有那么"高大上"，甚至对从业者的英语水平的要求也不高。我奶奶问我什么是亚马逊，我一时半会儿解释不清楚，只好说"美国的淘宝"。听了我的话，她马上就明白了。

大家都知道所有的平台都有其发展规律。对于普通人来说，在做跨境电商时只需要关注两点：首先，平台是否处于红利期；其次，自己手中是否有好产品。平台没有绝对的好坏，关键在于适不适合自己。

2016年，杭州市商务局组织一批传统外贸企业去深圳几家跨境电商企业参观学习，其中就包括我的公司。当时，依托华强北，深圳的跨境电商发展迅猛。我们这批来自"电商之都"杭州的传统外贸企业，也很希望学习深圳跨境电商企业的先进经验。

我们一共参观了5家企业，其中一家叫环球易购。说实话，来到这家企业时，我们是很震撼的。当时环球易购的员工已有上千人，年销售额高达数十亿美元。关键是它的年销售额还在呈几何级增长，传统外贸企业很难达到这样的增速。对此，我们都觉得很不可思议。这家企业的几位高层毫无保留地分享了他们的模式，我听后觉得他们的顶层设计非常出色。后来，环球易购很快就上市了。

另外几家企业的年销售额为3000万 ~ 1亿美元，它们主要销售电子产品，老板都是30岁出头的年纪，用他们的话说，在深圳的跨境电商圈子里，谁要是年销售额达不到3000万美元，都不好意思跟别人打招呼。

那时，我虽然心里痒痒，想试着接触跨境电商，但是由于在传统电商和外贸领域的业绩都不错，暂时没有多余的精力，于是打消了这个念头。不过我们一行中的张总则暗自下定决心涉足跨境电商领域。这次深圳之行，为他日后的成功埋下了伏笔。几年后，他已经是跨境电商大佬了，还成为亚马逊的座上宾。

他的打法很简单：专注本行＋不断开发。他只专注于一类产品，并以中高单价在亚马逊和沃尔玛销售，一天的销售额高达十几万美元。

我跟张总10多年前就认识，他比我大3岁，当时是劳保鞋供应商，经营的还是内销小厂，我是通过诚信通找到他的。只有他肯接我的小订单，加上他的信誉好，我们就成了好朋友。

后来，他受我的影响开了外贸公司，由于我们的产品互补，我们便互相下单。他从不抢客户，甚至我的客户主动找他合作都被他拒绝，于是我们的关系越来越好。

2011年，我俩合租了一个占地9平方米的广交会展位，赚得盆满钵满。此后，我们就经常一起出去参展。

我以前做传统外贸时都是守株待兔，依赖展会和阿里巴巴国际站。后来我和张总一起去迪拜，张总教我主动出击——"扫楼"，就是一家家上门拜访陌生的公司。由于我们的产品不同，于是我们各自行动。他英语不好，只会说几个单词，但是十分执着，仅仅靠这几个单词和计算器，加上用手比画，就拿下了好几个订单。

回国后他苦恼于自己因为英语不好错失了几个关键客户，不然会收获更多。尽管他的公司也有业务员，但业务员比较害羞，不敢"扫楼"，于是他自己开始发奋学习英语。

张总比较节俭，出差时经常和我合住一间房。后来我们出去参展时，我很怕跟他合住，因为每天早上 6 点他就要起床，用电脑跟外国人进行一对一的英语口语在线学习，我每天都会被他吵醒。

渐渐地，他的公司和工厂规模越来越大，年销售额从几百万元飙升至接近 1 亿元。我还组织全体业务员去他的工厂里学习，于是他化身讲师，介绍他的产品，把从工艺到价格核算的知识都告诉了我们。他的产品的情况很复杂，而他愿意把相关机密都告诉我们，也是希望我让精英业务员帮他把产品卖出去。

后来我们去美国奥兰多参展，某天晚上吃完饭，我俩在一条小河边溜达。望着平静的河水，他叹口气，说自己好累，想早点退休。

时间来到 2015 年，这是一个分水岭。那一年，我的事业蒸蒸日上，一时间我风光无限，而张总的事业开始走下坡路。现在想来，我认为这是因为张总不够专注。张总和我一样，这也想干，那也想干，却总是慢半拍，这导致我在享受红利时他却陷入红海。他经常"扫楼",这其实非常消耗精力。此外,他杭州的工厂由于某些原因被迫搬迁,这一搬很伤工厂的元气,导致工厂的产能几乎为零,与之相关的所有业务都陷入了危机。

之后,他经常来找我请教各种电商经验,每次和他沟通我都感觉他很疲惫、很焦虑。他尝试了那么多项目都没成功,甚至没有清晰的方向。

转折发生在 2016 年,当时他受到深圳跨境电商企业的启发,把工厂和外贸业务都外包给别人,自己全身心投入跨境电商领域。我则慢慢吞吞,直到 2018 年才启动相关项目。

我俩都是自己开发产品,产品类目也差不多。他在经历了 3 年摸索期之后,于 2019 年开始"爆发",2020 年以后成为劳保鞋类目的头部卖家,一天能稳定卖出价值十几二十万美元的产品,而当时我连每天达到 1 万美元的销售额都很吃力。

我很纳闷,便问他:"你一个不怎么懂电商的人,为啥卖货卖得这么好?"他说:"你的产品单价太低了,只有 20 ~ 30 美元,销售这个价位的产品面临的竞争很激烈。而我的产品单价都在 100 美元以上,我卖一单的利润抵你卖 10 单!再说了,对于这个价位的产品,我哪怕找报价很高的工厂生产,利润空间也是很大的!"

他还说:"我的毛利率高,我哪怕为每个产品花几十美元打广告也能赚钱。你能为此花多少钱呢?"

一语惊醒梦中人！

为什么以前爱拼价格的他，一下这么通透了？

后来我发现，我和张总在经营理念上最大的区别，就是我必须先亲力亲为，等有了起色再请人，这样别人很难忽悠我；而张总具备老板思维，一开始就请人，强调"干了再说"，这种模式用来做淘宝很难，但很适合用来做亚马逊。

另一个关键点是全身心投入。他吸取以前面向低端市场时没利润的教训，开发针对中高端市场的产品，在产品设计、模具开发、修改、优化等方面不断投入。

同期在亚马逊上经营得风生水起的许多卖家只知道铺货和店群，很多人连工厂都没见过，而张总跑遍大江南北几乎所有的同行工厂，加上他社交能力强，人靠谱，很快就把那些工厂老板都搞定了。

张总非常诚恳地建议我把鞋厂关了，全力做跨境电商，只要跟其他厂搞好关系，做跨境电商比自己开厂好多了。他还提到在做跨境电商初期，由于订单少，只有给工厂提供一个好价格，工厂才愿意认真配合。

我当然没有听他的话，鞋厂可是我十几年的心血，让我砸了很多钱，怎么可能说关就关。

后来我多次上门向张总讨教做跨境电商的经验，并且学习他的打法，终于成功推出了几款产品。比如，2024年的甲板靴系列就是我找行业中最优秀的工厂生产的。此外，我开发了一款售价为 100 美元的高端鞋，这个定价让我完全避开了和其他中国卖家的竞争，还有足够的利润空间去投放广告。我售出一双这款鞋的利润顶同行售出 10 双常规鞋，我总算是找对了方向！

疯狂扩张的亚马逊大卖家

从 2018 年开始，我的户外服装厂就开始和一个广东的亚马逊卖家合作，当年他的订单量只有 2000 件货，我也没怎么重视他。

到了 2019 年，他的订单量翻了 3 倍，但他依然是小卖家。2020 年后，他开始"爆发"，一口气订了几万件货。他的老板也来到我的厂里，说要把我的产品当作重点产品销售。

2020 年可以用疯狂来形容，他订了 20 多万件货，这些货占我厂产量的一半。我厂本来是一家小厂，当年的产量被他的订单硬生生撑大了两倍，因为他要我扩产，不然他就自己找某中间商开厂。

无奈之下，我新建了一间厂房。我其实是不情愿这样做的，因为我知道这样做有很大的不稳定性。但是管厂的师傅"又哭又闹"（他的收入与产量挂钩），加上客户"威胁"，我只能扩产。

那个亚马逊卖家的品类其实很多，除了户外类之外，还有许多别的品类，总销售额应该有几亿美元，员工有几百人。他们的高管信誓旦旦地说计划在年后上市。

然而到了2021年下半年，亚马逊遭遇"封店潮"，由于一些原因他们一下子不出货了。我就惨了，仓库里堆了好几万件他们的货——上百元一件，加上另外一个亚马逊大卖家出货也慢了，价值近千万元的货只能堆在仓库里，连过道都堆满了，我们连路都走不了。

好在2021年底他们开始重新慢慢出货，后来大多数货都出掉了，他们也有少量新订单。但是我发现他们在打价格战，他们2023年在亚马逊上卖59美元一件的货，2024年只卖39美元一件。我给他们算了一笔账，哪怕他们不推广，每卖出一件货也至少要亏3美元。

2022年下半年，他们就几乎没再向我厂下单了。幸好我还有别的客户，不然就完了。其实经历了这样的大起大落后，很多只靠一两个大卖家的工厂都倒闭了。

我分享这两个故事，是希望大家能足够理性。虽然亚马逊是非常优质的跨境电商平台，但是其红利期早已过了，除非你的经济实力很强或者拥有供应链优势，否则不要盲目涉足。

主流跨境电商平台的运营模式分析

主流的跨境电商平台有亚马逊、Temu、eBay、Shopee、速卖通、SHEIN 等。在这里，我重点说一下我比较熟悉的亚马逊和 Temu。

1. 亚马逊

亚马逊是目前世界上最大的跨境电商平台；2023 年，其 GMV 突破 7000 亿美元，用户覆盖全球，中国卖家占比超过 50%。

亚马逊上最大的类目是电子产品，占比 20%，其次是服装 / 鞋靴 / 珠宝。亚马逊的核心竞争力来自丰富的产品、优质的售后服务，以及强大的 FBA（Fulfillment by Amazon，亚马逊物流）。京东自营的物流之所以高效，就是因为参考了 FBA。

基于 FBA，亚马逊需要卖家把货发到所在国（地区）的亚马逊仓库，仓储、物流都由平台负责，卖家只需要负责运营以及头程物流即可，可以省很多精力。

其实亚马逊的运营模式分为精品和铺货两种。

精品就是深耕某个垂直品类，此处的垂直分为两种：一种是品类垂直，比如我就一直专注于户外鞋；另一种是人群垂直，比如我面向户外人群，那就卖户外服装、帽子、鞋子、装备等。

铺货分为泛铺和精铺。泛铺就是根据市场需求铺海量的产品，哪款产品的数据表现好就推哪款。这种模式要求商家不断上新。精铺介于泛铺和精品之间，是指通过泛铺熟悉某个品类，在该品类深耕。但是选择这种模式也要通过海量铺货来测品和选品。精铺模式对公司对于市场动态和数据变化的敏感度有很高的要求。

因为我是从做传统外贸转型做跨境电商的，前些年有关跨境电商的尝试并不成功。我的公司和专业的跨境电商公司的区别还是很大的，我深刻体会到传统企业不能总躺在功劳簿里，市场变化得太快，旧模式虽然有经验积累方面的优势，但也容易让人形成路径依赖，不愿接受新事物。

当然我也反对盲目跨行，转型的前提是熟悉要转入的行业。传统企业转型跨境电商企业要专注于自己所在行业的品类，尽量不要盲目跨品类。而且老板必须自己搞懂新行业，并愿意承担初期的亏损，把亏损视作学费，这样就有可能把跨境电商做起来。

这里分享一个亚马逊的毛利润的计算公式。

毛利润 =（销售价 – 佣金 –FBA 配送费 – 退货费 – 推广费）× 汇率 – 采购成本 – 头程

通常佣金占销售价的 15%，退货费占销售价的 5% ~ 10%，推广费的占比在 10% 以内，具体由品类决定。当然，如果单价和毛利率足够高，推广费占比高也没问题。

在亚马逊上开店时，我采用了"小而美"的思路。在这个方面，我有两条干货分享给大家。

（1）避开其他中国卖家设定的价格区间，只和外国卖家竞争。比如，针对某类目的产品，欧美（品牌）卖家卖 100 美元一件，其他中国卖家卖 20 美元一件，那我就卖 50 美元一件（产品一般从传统外贸公司、工厂等渠道寻找）。

（2）每次少量上架产品，不显山露水，而是"悄悄卖"，卖完再慢慢上架。很多卖家追求高销量，不允许断货（线上一个柜、海上一个柜、生产线上一个柜）。大量备货具有高风险，除了会占用资金之外，还会让卖家被同行盯上。

前年，我原创设计的儿童洞洞鞋的销量在亚马逊上排前 5，第一名是 Crocs。结果我的产品被其他中国卖家发现了，平台上一下涌进来几十个竞争对手。短短几个月，我的产品的价格就从 30 美元一件降到 18 美元一件。

所以我现在主张少量卖新品，慢慢发货。我虽然"佛系"，但是能确保赢利。

做亚马逊时，建议不要告诉任何人你的产品。网友们挖掘信息的能力很强，我有次在圈内隐晦地说了自己的产品，结果马上就被"扒"出了店铺，所以我现在对产品信息守口如瓶，不过我在直播间经常说漏嘴。之前我直播时把我的爆款雪地靴给观众看了一下，很快这款产品就不能继续销售了。

亚马逊在自然流量排名方面逻辑有点像淘宝，主要是看销量和评价。它和淘宝最大的不同是它更看重历史销量的权重，老卖家的老链接的生命周期非常长。所以在亚马逊上销售同类爆款产品时，如果新卖家想打败老卖家，代价非常高。举个例子，我有一个老客户 A，他从我厂订购了一款产品，在亚马逊卖了 3 年，每个月卖 1 万多单，毛利率达 25%。去年一个新客户 B 看中这款产品，他财大气粗，将产品价格定得比 A 低 10 美元，并投放了大量广告，但是亏了 200 万美元也没有任何效果，最后只能放弃销售这款产品。

由此看来，亚马逊上的产品链接对历史销量的权重有保护作用。所以你想在亚马逊打造出爆款，光靠设定低价和"砸钱"是不行的。你要么尽早入局，要么走差异化路线，打造一款独一无二的产品，从一开始就占据领先地位。

此外，亚马逊对于卖家的资金周转率要求比较高，特别是精品模式完全对应重资产，普通卖家应慎重选择。

2. Temu

Temu 是拼多多旗下的跨境电商平台，这些年异军突起，其模式和拼多多非常相似，主打低价。Temu 拥有一群优秀的程序员，他们利用人性的各种特点来设计算法。Temu 的核心功能简单，它"野蛮生长"，多次成为北美洲下载量排名前 3 的 App。

Temu 采用全托管模式，卖家除了供货（将货发到 Temu 国内仓库），基本不用操心其他运营工作。Temu 通过低价抢占国外中低端消费群体，投放海量的广告，在社交媒体上复制了拼多多的"砍一刀"等玩法，快速崛起。

　　Temu 在流量分发方面关注 3 个指标——销量、库存深度、价格，其中最重要的是价格。如果卖家的这 3 个指标的表现都不错，Temu 会去各大平台为卖家引流。所以在 Temu 上，一些快消品的销量是非常高的，日出万单的产品也不少。如果这 3 个指标的表现一般，卖家依靠 Temu 本身的搜索流量也能有一些销量。

　　在产品方面，Temu 上日用百货的销量最高，涵盖数码家电、服装鞋帽等刚需产品。但是销量越高的产品往往利润越薄，据我所知，义乌一些产品销量高的淘宝卖家卖一单的利润只有几毛钱，他们完全靠提升销量来获取微利，有时甚至会亏损。当然他们可以随时关店止损，不像在亚马逊上开店那么麻烦。

　　和日用百货相比，个性化原创产品的利润较高。我早期在 Temu 上销售过一些设计独特的鞋，因此赚了不少。这也是因为我从事鞋类行业 10 多年，选品精准。有一款鞋原本是我在亚马逊上卖的小众款，由于亚马逊限仓，我就把库存尾货放在 Temu 上卖。当时，Temu 上只有我在卖这款鞋，卖一双大约有 10 元的利润，我在入驻 Temu 的头 3 个月就卖掉了 5000 双！

　　我自己的工厂生产了十几年的外贸户外款钓鱼服，这款产品的生产成本很高，我在国内卖不动，在亚马逊上又卖不过我的客户，因为他们的老链接存在很多年了，权重非常高。于是我就将这款产品放在 Temu 上卖。令人惊喜的是，我的定价是

58 元一件，平台竟然卖 39 美元一件，而且还卖得不错。平台把我的定价提升了 5 倍左右，使得这款产品比亚马逊上卖得还贵。第一批库存几天就卖光了，这说明 Temu 不是绝对追求低价，也看产品的竞争力。因为这款产品在 Temu 上只有我在卖，平台看到没有竞争就卖高价。但是一旦产品销量较高，Temu 就开始不断寻找工厂，希望把价格压下来。在 Temu 上一直稳定地获取高利润基本上是不可能的，除非你的产品技术门槛很高。

如果你是贸易商或者跨境卖家，若想在 Temu 上持续赢利，可以多跑跑外贸工厂，找到质量较好的库存产品。基本上每家外贸厂都有这样的库存产品，你以低价收购库存产品后在 Temu 上卖，也是不错的。

我公司目前在 Temu 上开了 3 家店，分别销售鞋类、服装和百货。以百货为例，虽然市场大，但是竞争极其激烈，消费者一般选最便宜的产品，认为产品能用就行，但对品质有一定要求。例如，对于厨房用品这类百货产品，卖一件只能赚几毛钱。

小白还是别轻易入局 Temu，因为卖大众产品不赚钱，小众产品比较难找，也无法支持跑量。我用十几年才积累了一点小众产品，将它们放在 Temu 上卖也赚得不多，只够给员工发工资。资深卖家、工厂可以去了解一下 Temu 这个平台，用它清库存。Temu 最大的优势是让人省心，卖家不需要管太多。

另外要注意多研究 Temu 的规则，不要违规。许多商家由于不小心违规，被 Temu 冻结货款，甚至被罚款，损失惨重。

拼多多因为 Temu 在海外"野蛮"扩张，市值逼近阿里巴巴，特别是在美国，其销售额成倍增长。但是大家千万不要把美国市场想得跟国内市场一样，要知道，拼价格不是王道，因为美国的消费主力是中产阶级，他们并不是 Temu 的消费群体。

总体来说，Temu 的逻辑和拼多多一样，那就是拼价格。大家在红利期可以选择 Temu，在"内卷"期可以参考拼多多的策略。阿里巴巴深耕海外十几年，短短两三年就被 Temu 超越。Temu 会抢走低端市场，我认为这一点毋庸置疑，但是它要想像打败阿里巴巴那样打败亚马逊是不可能的，原因就是中美消费者的收入结构不一样。

比如，一个月薪为 3500 美元的美国男护士，酷爱机车，租房居住，他很可能会将每个月的大部分收入用于买各种高端机车装备；一个月薪为 4000 美元的白领，酷爱钓鱼，他可能买一根钓竿要花几千美元，各种钓鱼装备也都是买中高端的。我厂里生产的钓鱼服，最贵的卖几百美元，基本上都卖往美国。

此外，美国的人工费用较高，所以许多美国人喜欢自己动手干活，比如汽修、家装等，有的人甚至能从超市买各种建材，自己盖房子，因此家得宝这一建材企业得以跻身《财富》世界 500 强排行榜。

我所在的行业中，劳保鞋在 Temu 上的售价最高不过 50 多美元一双，平均售价为 20 多美元一双，但是在线下市场以及亚马逊高端市场，一双劳保鞋可以卖到 100 美元以上，并且销量更高。

张总就在亚马逊上销售高客单价的鞋，他在传统行业深耕十几年，与他合作的工厂都是顶尖工厂。我知道他的产品销量很可观，但是他的资金压力很大，仅库存就占用了几千万元，这还不包括工厂正在生产的及海运途中的产品的成本。

传统外贸企业如何做亚马逊

传统外贸企业熟悉产品和市场，专业性强，做跨境电商有天然的优势。可是根据我的观察，我周围的传统外贸企业，包括工厂和外贸公司，想进跨境电商领域的都已经进了（占比不超过 10%），没进的目前也不想进。我在 2019 年拼命劝我公司的副总做亚马逊，我说做亚马逊能让他的收入翻几倍，但他就是不肯。他觉得学一门新技术太麻烦了，还不如吃老本。后来他单干去了，我再次劝他做亚马逊，可他宁愿继续专注于传统外贸业务，也不愿做跨境电商。

回顾做外贸的十几年，我身边熟悉的上百家外贸企业遇到过三次机会。

第一次，依托工厂做出口业务。抓住此次机会的多数企业都赚到了钱。

第二次，入驻淘宝、天猫。大约有 30% 的企业这样做了，头几年大部分赚了不少，因为他们的产品的品质和款式比内销企业好。

第三次，做跨境电商。虽然我们感受到了跨境电商的爆发力（比如与我厂合作的年轻的跨境电商客户越来越多，他们给的价格也不错，订单量更是呈几何级增长），但传统老板自己做跨境电商普遍力不从心，原因有三个：一是做跨境电商既要懂英语又要懂电商；二是做跨境电商需要囤货，属于重资产模式，传统老板做惯了传统外贸，基本上倡导零库存；三是缺少人才，跨境电商人才集中在城市，而工厂多数建在农村，二者一时半会儿很难匹配起来。

所以正在做跨境电商的新人暂时可以放心，来自传统外贸企业的竞争压力并不大。

我们这种传统老板转型做跨境电商初期，由于思维方式的限制，行动速度甚至还不如新手。因为我们有"历史包袱"，那就是自己的产品。按照惯性思维，我们总想把自己的产品通过跨境电商平台卖出去。

而纯粹的跨境电商卖家往往不在乎产品是不是自己的，他们往往利用卖家精灵等数据分析软件快速找到爆品或者潜力股，从 1688、拼多多等平台进货，迅速铺货并占领市场。

在 2018 年以前的深圳，大量刚毕业的年轻人利用华强北的数码产品得天独厚的产业链优势，海量开店和铺货，什么赚钱就卖什么，灵活多变，赚得盆满钵满。而一些传统外贸企业由于思维局限加上产品单一，很难打开局面。

但是随着平台逐渐正规化，开始对铺货和店群进行限制，加上低门槛导致价格战，铺货型选手逐渐被淘汰。与此同时，传统外贸企业深耕产品的优势开始体现，许多细分类目的销售冠军都是传统外贸企业。比如，专注于羽绒服的 Orolay、专注于蓝牙耳机的 TOZO、深耕婚纱领域的贝宝、被称为"厨具界的 ZARA"的卡罗特等。

我相信在不久的将来，随着越来越多优秀的"厂二代"进入跨境电商领域，传统外贸企业将会占据跨境电商市场的半壁江山。

只有深入了解消费者，才能做好跨境电商

怎么做好跨境电商呢？建议多去评论区挖掘消费者需求，用心研发产品，走差异化路线，保证定价让自己有利润，从而实现持续发展。这样能让消费者对产品满意并持续购买。很多人靠这个思路做亚马逊，效果非常好。亚马逊不倡导疯狂拼价格，走品质路线的企业会发展得更好，比如深耕数码领域的安克、专注于家具的西昊、专注于服饰的 Urban CoCo。我的几位专注于乐器、户外产品的客户，还有专注于劳保鞋的张总，

都以相对高的客单价成为亚马逊上细分类目的销售冠军。

我公司的跨境电商合作伙伴 Jessie（杰茜）性格活泼，在美国工作和生活多年，她的老公是美国人，住在洛杉矶。我和他们在会议室研究产品时聊了很久，学到不少干货。

作为美国本土卖家，他们的思路和我们中国跨境电商卖家完全不一样。我们的思路一般分为两种：一种是看什么产品火就卖什么，另一种是基于自己本身所在行业卖相关产品。而他们会从生活中发现具有某种爱好或需求的人群，针对这些人群卖相应的产品。而且很多美国本土卖家本身就是产品的爱好者、体验者，特别懂产品。

别看现在 Temu 在美国平价市场很火，实际上美国的高端消费市场非常庞大，我想开发这一市场很久了。比如，有的钓鱼装备我连买一套都觉得贵，而很多美国人将其当作消耗品，几个月换一套。又比如，很多美国人喜欢自己动手盖房子，对于相关工具，国内卖几十元一套，亚马逊上的中国卖家卖几十美元一套，但真正满足美国人需求的可能是卖 100 美元左右一套的，这个市场中几乎没有中国卖家，大多数是美国本土卖家。而且美国本土卖家非常"佛系"，虽然他们懂产品，但往往只写一条产品描述，拍的产品图片也比较随意。

为什么多数中国卖家难以面向美国的高端消费市场呢？一方面，国内顶级工厂才能生产相关产品，而中国卖家一般通过1688 等网络平台找工厂，这样很难找到顶级工厂。另一方面，顶级工厂中做跨境电商的很少，这导致丰厚的利润都被外国人赚去了。

此外，美国消费者会非常用心地为产品写评论，我经常看到一些堪比作文的评论。他们会认真提出产品存在的问题，美国本土卖家则会联系供应商解决问题。我公司经常会收到美国客户发来的评价截图，他们会指出消费者发现的一些不起眼的小问题，要求我公司改进产品。

大家一定要重视这些评论，我认识许多做得好的跨境卖家，就是得益于对评论的重视，从竞争对手的爆品的评论中找到了优化产品的方法，打造了新的爆品，青出于蓝而胜于蓝。

第三章

自媒体篇

做内容的本质是建立关系
信任是内容生意真正的护城河

➤ 人设构建

你的人设不是为了讨好所有人，而是为了让对的人留下来

➤ 流量密码

掌握平台逻辑，读懂用户情绪

➤ 内容逻辑

内容吸引力来自共鸣，是让用户觉得"你替我说出了心里话"

➤ 信任变现

流量只是敲门砖，信任才是护城河

➤ 私域能力

私域不是卖货场，而是人和人之间的"关系蓄水池"

01 自媒体概述

内容时代，人人皆可成为自媒体达人

很多人羡慕自媒体博主，认为他们工作轻松自由，收入也高，这是多少人渴望的啊。但是现实并没有那么美好，很多自媒体博主比普通打工人更容易焦虑。

我运营自媒体整整7年了，其从一开始的爱好变成了一份正式的工作。这也是我在做外贸和电商之后的一次重大突破。说实话，我运营自媒体时很少焦虑，因为我不靠它养活自己。我的快乐来自分享，以及大家对我的认可。

以前开工厂时，我就特别爱分享，只要有人向我请教，我就像竹筒倒豆子一样，知无不言，言无不尽，一不小心就把厂里的核心机密给说出去了。

运营自媒体后，我索性"打明牌"，把自己的所有干货公开。虽然这多少会影响到我的业务，但是由于将格局打开了，我发现这样做利大于弊。

以前我只是在自己所处的小圈子里有点小成就，而运营自媒体以后，我见识了更大的世界，认识了许许多多比我厉害太多的人，也获得了很多合作伙伴，他们帮助我在外贸和电商领域打开了新的局面。比如，我现在的外贸公司有两位非常优秀的业务员，以及十几位供应商，七八位外贸客户，他们都是通过我的微博认识我的。又比如，我现在的私域店铺"厂长的好货""厂长帮选""风爸育儿"的许多供应商都是我通过运营自媒体认识的。

自媒体使我受益良多，很多希望我出书的朋友本来就是我的粉丝，所以我真心希望把自己这么多年来积累的所有经验分享给大家，以此回报大家，感谢大家对我的支持。

我运营了许多自媒体账号，除了微博账号"风中的厂长""风爸育儿"之外，还有抖音账号"然哥聊创业""风中的小厨""然哥寻鲜记"等，其中"风中的小厨"是我早期运营的美食类营销号，如今变现效果也不错。此外，我的小红书账号也有十几万名粉丝。我个人累计运营了20多个自媒体账号，在账号运营过程中既取得过成功，也经历过失败，但最重要的是我积累了非常多的经验。接下来，我将知无不言，为大家介绍与自媒体相关的知识。

自媒体必备的两个要素

我认为不论是做视频还是写文案，核心都是一样的，包含两个要素。

1. 情绪价值

情绪价值涉及美、笑、泪、奇、学、爽等方面。

美：美景、美食等美好的事物。

笑：有趣、搞笑的内容，或者让人放松解压的大众娱乐主题。

泪：煽情、催泪、能引发共鸣的主题。

奇：各种搞怪、奇特的事物。

学：各类知识、干货，能让人有所收获的事物。

爽：文案或视频节奏流畅，人物动作潇洒，让人看了有爽感。

对于上述 6 个要求，一个作品若能满足两个以上，就容易火。

用户思维强调弄清用户需要什么、如何受益，而不是创作者喜欢什么。你或许会问，为什么自己辛辛苦苦创作出来的作品始终没有流量？我认为这是因为平台判断没人想看你的作品，就不给你流量。如果平台随便给你流量，让用户频繁看到平淡的内容，那平台很可能经营不下去。

2. 传播属性

传播说白了就是转发，在影响流量方面，转发率的权重是远高于点赞率的。对于相关内容，我会在后面给大家详细介绍。那么，如何让自己的作品被广泛传播？我向大家推荐一本书——《疯传：让你的产品、思想、行为像病毒一样入侵》，书中提到了6个关键点。

（1）社交货币

社交货币是人们在社交中用来获得关注和认同的无形资源。例如，旅行时，你在朋友圈晒出独特的风景照片，引发好友点赞和讨论，这些照片就是你的社交货币。

（2）诱因

如果你听到一首歌后突然想起你的初恋，这首歌就是你想起初恋的"诱因"。

前些年，一位博主发布了一条视频，视频展示了他收到工程款之后在KTV激情演唱的场景，令许多人印象深刻。其实这条视频刚发布时反响平平，被人加上"年底收到工程款的老板"这个"诱因"之后才一下子火遍全网。所以，想要自己的作品被更多人传播，就要把它和一件令人想要一探究竟的事情关联起来。

（3）情绪

记得之前有这样一条视频在网上走红，标题是"强者总是孤独的"。该视频先讲两位知名成功人士早年拼搏奋斗的艰辛，再讲博主自己年少时孤独打拼的经历。"人生在世，江湖风雨。世间冷暖，只有自知。"这两句话戳中无数人的泪点，大家纷纷为该视频点赞并转发。由此可见，如果作品能引发用户的情绪，就能被用户广泛传播。

（4）模仿

从互联网诞生之日起，无数模仿的案例便在网络上疯传，如冰桶挑战等，有的甚至吸引了知名的明星参与。如果你会策划与模仿有关的内容，你就掌握了流量密码。

（5）实用价值

具有实用价值的内容是自媒体内容传播排行榜上的常客，例如"富人买房时的 10 种思维""男人 30 岁以后必须知道的10 件事"等。只要你的作品能够给粉丝提供实用价值，就很有可能会被大家转发。

（6）故事

把自己平凡感人的故事写出来，引起大家的共鸣，这样也能让作品被疯狂转发。我身边就有许多例子，比如年轻夫妻边带孩子边拼事业，这种充满真情实感的故事特别打动人。

6 种变现方式

在自媒体领域，变现也很重要。除非纯粹是"为爱发电"，大多数人运营自媒体都需要考虑变现。目前与自媒体有关的变现方式主要有 6 种。

1. 打广告。如果你有了流量，就会有源源不断的找你打广告的商家。在抖音上，拥有 10 万名活跃粉丝的博主的广告报价一般为 1 万 ~ 2 万元一条。

2. 卖货。卖货比打广告累一点，需要组织货源、处理售后问题。你卖的货必须和自己的人设相符，不然很难获得粉丝的信任。

3. 提供咨询服务。你可以提供财经、情感等方面的咨询服务。微博上一个拥有几万名粉丝的博主，咨询费差不多是一小时 300 ~ 500 元。

4. 社群运营。你可以将有共同需求的粉丝引入自己的社群，为入群粉丝提供符合他们需求的内容，向他们收会员费。

5. 销售课程。你可以销售与创业和发展副业相关的课程，课程内容可以涉及电商、短视频、自媒体、人工智能等方面。

6. 直播打赏。要通过这种方式变现，你需要有一定的颜值或者才艺，比如会唱歌、跳舞、演奏乐器等。

除了第六种变现方式，其他每一种我都尝试过，我发现最适合自己的还是卖货。我本身就是一名销售人员，而且我喜欢研究产品，希望亲口告诉消费者产品的优劣，真诚地把自己开发的好产品分享给大家。

超级个体户

在电商领域，不论我们采用哪种打法，都不能改变一个大趋势：流量获得成本越来越高。价高者得流量，这是一个事实。如果你善于创新，拥有定价权，那么你可以在短期内获利，但是从长远看，流量获得成本还是会提升。所以做电商需要和运营自媒体结合，以降低流量获得成本。

在寻求流量的过程中，靠谱、专注、风格化都会为你赢得流量，不论是公域流量还是私域流量。

未来，成功的电商卖家（传统品牌除外）大概率都是超级个体户。我认为不论是大 IP 还是小 IP，都属于超级个体户，他们将不依赖平台，不依赖投流，靠自己某方面的特长及信誉获得欣赏自己的消费群体，为自己的事业建立护城河。所以如果你有这方面的条件或者天赋，我建议你尝试运营自媒体。

02 自媒体领域的赛道选择

选对赛道，少走弯路

自媒体领域的赛道很多，具体如表 3-1 所示。

表3-1　自媒体领域的赛道

赛道分类	细分领域	特点
知识和技能分享	软件操作、语言学习、考试考证等	专业性强，受众明确，若专业度高可吸引精准粉丝，有利于商业变现
生活方式与兴趣爱好	美食制作、旅行攻略、家居生活、DIY（自己动手制作）、时尚穿搭、美妆护肤等	受众基数大，内容易引发共鸣，创作出爆款的概率高，但门槛低、竞争激烈，创作者需不断创新以维持粉丝黏性
大健康	养生保健、医疗科普、减肥塑形等	刚需市场广阔，变现能力强，但专业性强，创作者需做好知识储备和风险评估

续表

赛道分类	细分领域	特点
亲子育儿	孕期护理、母婴护理、早教启蒙、亲子阅读、家庭教育等	受众精准且稳定，黏性强，复购率高，对内容质量要求高
宠物	宠物养护、宠物训练、宠物用品推荐等	变现能力较强，受众的消费能力强，但行业相对小众，创作者需深耕细作
新闻时事	新闻报道、热点追踪、时事评论等	时效性强，内容更新快，受众广泛，创作者需具备敏锐的"新闻嗅觉"和快速反应能力，遵守法律法规，确保内容真实客观
娱乐	明星动态、综艺节目、影视资讯等	受众以年轻人为主，对娱乐信息兴趣浓厚，创作者可通过挖掘独家资讯、深度报道等方式吸引受众，但要避免过度炒作或传播未经证实的信息
科技	科技产品评测、科技趋势分析、前沿技术解读等	受众相对专业，创作者需密切关注科技行业动态，提供及时、准确的信息和深入见解，可引用权威数据提升内容的说服力

续表

赛道分类	细分领域	特点
游戏	游戏攻略、游戏文化、电竞资讯等	内容可吸引游戏爱好者关注，创作者可通过视频、图文分享游戏经验、心得等
汽车	汽车评测、汽车驾驶、汽车改装等	适合对汽车有了解和兴趣的创作者，创作者可分享与汽车相关的经验和知识，为受众提供实用建议
情感和故事	家庭情感、校园情感、职场情感、历史故事、奇闻趣事、生活经历等	受众广，创作者容易实现从零到一的积累，素材丰富，创作方式主要是把人、事、经历、过程描述清楚
短视频	短视频新闻、短视频娱乐、短视频教育、短视频电商等	内容的传播力强，受众的黏性强，相关制作技术不断升级，未来发展空间大
直播	电商直播、教育直播、娱乐直播等	随着5G技术普及，直播的画质和流畅度提升，内容更丰富、个性化，直播已渗透到多个领域
电商	直播电商、社交电商、内容电商等	自媒体人实现商业变现的重要途径，创作者需提升电商运营能力

续表

赛道分类	细分领域	特点
综合服务平台	内容生产、品牌传播、社群运营、电商运营等	为受众提供全方位服务，要求创作者具备综合运营能力
自律生活	晨跑、早起等	传递积极的生活态度，商业价值较高，可涉及运动、护肤、生活技巧分享等领域
运动健身	骑行、徒步等运动经历分享	内容多样，创作者需考虑内容配比，吸引热爱运动的人群关注
极简消费	极简生活理念分享、高品质单品推荐等	对内容调性要求较高，主张将消费需求植入生活场景，适合广告推广和带货

大家应尽量根据自己的特长或者兴趣来选择赛道。我们需要明白，自媒体本身不是技能，而是通过网络把我们在现实生活中的技能、特长放大的平台。

拥有技能是运营自媒体的前提，只要你拥有技能，互联网就有可能帮你将技能放大。在自媒体运营过程中，一定要专注于自己最擅长的内容。比如，你是厨师，可以教做菜，分享烹饪心得；你拥有较高的英语水平，可以教英语；你打台球厉害，可以教大家打台球。

兴趣也很重要。很多自媒体人成功的原因，就是选择了自己感兴趣的赛道，并在自媒体运营过程中获得了快感。因此大家在运营自媒体时，一定要选择自己感兴趣的赛道。

我后来选择美食赛道，就是因为我本人比较喜欢做菜。虽然我的厨艺一般，但是我在做菜时很快乐，这是我坚持做菜的最大原因。从 2020 年运营"风中的小厨"起，我累计创作了3000 条有关做菜的短视频。

"风爸育儿"是一个纯粹的育儿知识分享账号，是我和厂嫂一起运营的。厂嫂特别重视孩子的教育，为育儿投入了大量的精力，在育儿过程中积累了很多经验，非常希望将这些知识分享给大家，而我有较丰富的自媒体运营经验，于是我们充分发挥各自的优势，很快就把这个账号运营起来了。

这里要补充一点，虽然许多网友选择了自己喜欢的赛道，但是经常会因创作灵感枯竭而焦虑，所以我建议大家尽量选择拥有无限素材的赛道。

很多人选择了素材有限的赛道，比如脱口秀、宠物等，这不仅很容易让创作灵感枯竭，还不利于变现。比如，你本来专注于创作与脱口秀相关的内容，如果突然带货，粉丝就会觉得别扭。

反之，如果选择拥有无限素材的赛道，如美食、旅行、探店、穿搭、汽车等，运营这样的账号有两个好处：一是容易利用热点涨粉，比如分享"网红"美食、打卡胜地等；二是容易变现，比如美食类账号可以直接销售食品，旅行类账号可以销售各种户外用品，等等。

个人认为，最容易实现商业变现的其实是带货账号。这类账号从一开始就专注于带货，可以直接变现，也不容易被质疑人设与账号定位不符，还能根据产品选择素材。我公司的一位前员工目前正在运营账号"君君吃什么"。第三方平台数据显示，她累计带货超过 300 万单，销售额超过 1 亿元。她每天都会吃各种美食，拥有无限的素材。此外，因为积累了一定的粉丝，她所用的样品也都是免费获得的。

03 如何创作爆款短视频

创意赢关注，内容留人心

　　熟悉我的人都知道，我算是一个资深的短视频创作者。我进入短视频领域的原因主要有以下几点。第一，我对短视频创作感兴趣。我大学毕业后短暂从事过影视广告相关工作，有一些视频剪辑的基础。我在业余时间也很喜欢通过拍摄、剪辑短视频来表达自己，抖音的出现刚好满足了我的表达欲。第二，短视频创作对我的电商业务有着巨大的帮助。我可以借助短视频来表现产品的特点、优势和相关理念。第三，短视频极大地丰富了我的自媒体内容，让它变得更生动有趣。

　　在自媒体领域，短视频占据流量高地，以抖音为例，它在2024年的日活跃用户数已经超过7亿。

　　我虽然热爱短视频创作，但是很少"刷"短视频，因为我发现"刷"短视频容易上瘾。各大短视频平台的算法团队都非常厉害，设计了许多机制，利用这些机制把用户牢牢吸引。尽管我知道长时间观看夸张、刺激性的画面和文案对自己没好处，但我还是很容易被吸引，不知不觉地观看很久，停止观看后便会产生一种空虚感。我感觉我被短视频"掌控"了，所以开始控制自己，尽量少"刷"短视频。

不过，我们也不能把短视频一棒子打死，有些优质的短视频还是能给我们的工作、学习和生活带来帮助的，话题涵盖做菜教学、知识科普、产品评测等方面。

创作过短视频的朋友应该知道，短视频的爆发性特别强，一条爆款短视频的播放量可达上百万次，其影响力可能等同于上百条甚至上千条普通短视频。因此人人都希望创作出爆款短视频，但是爆款短视频不是仅靠努力就可以创作出来的，除了掌握我之前说的自媒体内容的要素，你还需要明白短视频平台的流量池原理和人群包原理。在这里，我就不以具体平台为例了，因为各大平台的流量池原理和人群包原理是相似的。

1. 流量池原理

当你发布一个作品后，平台会根据作品的数据表现（涉及完播率、互动率等指标）将其推送给初始流量池（各大平台的初始流量池通常有 100 ~ 300 人）。如果作品的数据表现一直很好，平台就会依次把它推送给 3000 人、1 万人、5 万人、10 万人、30 万人、100 万人、500 万人、1200 万人。我们可以把流量池理解成一个金字塔，越接近金字塔顶端，流量越大，满足相应要求的作品数量就越少。

2. 人群包原理

电商卖家应该很熟悉"人群标签"这个词，它在短视频领域很常见。短视频平台会按照性别、年龄、收入、兴趣爱好等将用户分类，形成人群包，再根据创作者的账号标签和作品标签为这条短视频匹配相应的人群包。

需要注意的是，一个用户可能属于多个人群包。比如，某位女性不仅在"30 岁左右的育儿群体"这个人群包里，也在"热爱美食的家庭主妇"这个人群包里。

和人群包对应的是账号标签，比如你的定位是专注于某一领域的博主，并持续发布相关作品，平台就会给你的账号打上有关该领域的标签，将你的作品推送给对该领域感兴趣的人群包。许多运营短视频账号的人曾经常为自己的账号标签烦恼，生怕平台不知道自己运营的是什么类型的账号，导致流量推送不精准。现在平台越来越智能，它可以通过你发布的作品中的关键词，快速分析和判断你是什么类型的博主。同时你也可以在注册账号初期手动选择账号标签，或者在后台给自己打上标签。如此一来，平台就会根据你发布的作品为你匹配精准的人群包。所以只要你持续发布垂直内容，就不用担心流量推送不精准。

从平台的角度看，这样做是必然选择。假如用户在"刷"短视频时总是"刷"到自己不喜欢的内容，很可能会卸载软件，这会影响平台的发展——用户黏性对平台至关重要。因此在算法异常发达的今天，你不必再为账号标签烦恼，只需要一门心思地创作与自己账号的定位相符的作品就可以了。

平台在推送短视频时，会把人群包和流量池相结合。创作过短视频的朋友会发现，如果想创作出一条拥有几万次播放量的短视频，其实只需让短视频满足某一类人的喜好就可以了；但是如果想创作出一条几十万甚至上百万播放量的爆款短视频，就必须让短视频迎合大众的喜好。

下面我来讲一下平台分发流量时关注的各个指标，它们分别是完播率、播放时长、转发率、涨粉率、评论率、收藏率、点赞率。

很多人认为点赞率最重要，实际上这是一种误解，权重最高的是完播率和播放时长。完播率是指看完短视频的人数占总观看人数的比例，它反映了短视频的吸引力，同样代表了平台的吸引力。而播放时长更重要，因为每个人每天的时间都是有限的，用户在一个平台消耗了时间，就会相应地减少使用其他平台的时间。平台之间展开竞争，是为了争夺用户的时间。用户只有在平台停留得够久，才会产生更多的消费行为，才能使平台得到更多的抽成及广告收益。

转发率就是转发短视频的人数占总观看人数的比例。用户喜欢你的短视频，将它转发给亲朋好友，这一方面说明你的短视频质量高，另一方面可以为平台拉新。

涨粉率高，说明用户喜欢你，认可你。对创作者来说，涨粉率是最重要的指标。

评论率也很重要，评论率高代表互动率高，而互动率反映了人气。互动是有延续性的，也能延长用户在平台的停留时长。在观看一些引发热烈讨论的短视频时，用户会不自觉地查看评论。这样一来，用户在平台的停留时长就变长了。同时短视频的完播率会提升，播放时长也会增加。

收藏率高，说明你的短视频有价值，用户将这条视频收藏下来，打算以后再看。

相对来说，点赞率不如其他指标重要。要知道平台上有许多"点赞狂魔"，他们无论看到什么短视频都会为它点赞，所以点赞率并不能完全反映短视频的质量。

很多朋友会认为，既然完播率如此重要，那把短视频的时长缩短至几秒不就行了吗？这种看法是错的，短视频平台十分注重用户的停留时长，你的短视频能让用户在平台停留多长时间，决定了平台会给你多少流量。

介绍完以上内容，下面我将利用几个案例向大家简单说说怎样创作爆款短视频。

案例 1：用梭子蟹"蹭"热点

这个案例特别适合运营美食类账号的朋友参考，可以帮助大家快速涨粉。近 3 年来，我一共为我销售的梭子蟹拍摄了 30

多条短视频，其中大多数是用小号发布的，用来涨粉。令我惊喜的是，几乎每一条短视频都火了，帮我涨了许多粉丝。

　　每到梭子蟹的上市时间，拍摄相关短视频就有流量。拍摄时要注意突出梭子蟹肉满膏肥，并制造一些差异点。比如，我在 2021 年发布了一条短视频，给用户介绍了沿海居民蒸梭子蟹的特殊方法：干蒸。干蒸和常规的蒸法不同，是指在蒸梭子蟹的时候不加一滴水，利用梭子蟹自身的水分将其蒸熟。很多内陆的朋友觉得这条短视频内容新奇，纷纷转发收藏，于是它很快上了热门榜单。

　　后来类似的短视频在全网广泛传播，我又创作了几条差异化的短视频，科普梭子蟹的相关知识，包括如何挑选肥蟹，在什么季节吃什么样的梭子蟹，它们都相继上了热门榜单。

案例 2：西瓜测评干货多

　　全网互动量最高的西瓜测评短视频应该是我创作的，由"然哥寻鲜记"这个账号发布。在这条短视频中，我一共测评了 13 种西瓜。这条短视频能够火爆，完全源于我的认真和努力。为了做好测评，我买来 13 种西瓜，仔细提炼相关知识点，对每种西瓜用 10 秒左右进行讲解和展示。此外，我特意选择在 8 月 1 日发布这条短视频，因为此时是西瓜消费旺季，很多用户都会买西瓜，但是分不清不同的品种。我创作这条短视频，就是为了帮助大家解决这一问题。这条短视频具有广泛的受众，加上里面的干货确实很多，因此它被平台推荐也在情理之中。

案例 3：创业辛酸催人泪

2021 年春节假期，我创作的一条短视频在抖音上了热门榜单。这条短视频采用"普通人逆袭"的通用模板，介绍了我从大学毕业到创业屡战屡败，再到成功的过程，同时以女声版《光辉岁月》为背景音乐，打动了无数人。

我当时刚运营抖音账号，没想明白这条短视频是怎么火的。后来复盘时，我发现主要原因就是内容真实。我选用自己在各个时期的照片进行剪辑，在短视频的开头加入了我和夏岚的那段故事，引起了许多人的好奇。此外，后面的故事情节也跌宕起伏。整条短视频拥有非常理想的完播率和播放时长，上热门榜单也就在情理之中了。

类似的案例还有很多，大家通过这些案例可以发现，短视频要想成为爆款，需要触发平台的推荐机制。掌握相关方法，可以让你在创作爆款短视频时少走许多弯路。

04 微博账号运营方法论
如何用微博构建个人影响力

我发了 7 年微博，在微博账号运营方面深有体会。

一开始，我接触微博纯粹是出于热爱分享。2012～2017 年，那时公司的效益好，我一赚到钱就买房，一年最多买了 6 套房子。因为房子多，我开始"飘"了，于是 2017 年 3 月，我又注册了一个微博账号，以"房 V"自居，主要介绍房子，顺带分享与制造业和外贸相关的知识。我当时比较忌讳表明自己真正的职业，怕被同行知道。

在这个过程中，我发现自己在介绍房子这方面，不够专业，掌握的信息量不如房产中介；而我讲一些有关做生意、商业观察的内容时，与我互动的用户比较多。于是我调整方向，从 2018 年开始聊我的主业。因为当时粉丝少，我抱着一种不会被同行发现的侥幸心理在微博聊与主业相关的内容。说出来你们可能不相信，我发微博是出于兴趣，而且我是一个话痨。以前我经常在朋友圈分享自己的所思所想，相关内容仅公司成员和亲友可见。专注于发微博以后，我在朋友圈就不怎么活跃了。

后来，渐渐有"大V"关注我并转发我的微博，我的涨粉速度开始加快。我还因为聊消费趋势上过微博热搜，涨了4000多名粉丝。博主"财上海"转发了我的微博，让我涨了2000多名粉丝。在这里，我真的要感谢他。

2019年春节后，我的一条微博由于被广泛转发，一下子成为热门话题，让我涨了10万多名粉丝。之后，我找到了一些写微博的方法：定位明确，以介绍商业内容为主，分享相关实操技巧和经验教训，用简单明了的语言，保持幽默，善于"自黑"，最重要的是不再顾忌同行竞争对手。后来，我的涨粉速度越来越快。

我也经常和我喜欢的博主互动，这并不是"商业互吹"。我心里明白，我们都是一类人，不管我们有没有打算利用自媒体赚钱，有一点都是肯定的，那就是我们都发自内心地热爱发微博。而且这些很有思想深度的"宝藏"博主分享的很多内容，为我打开了新世界的大门，对此我始终心存感激。

在不断接触微博的过程中，我通过自己总结以及观察其他博主，终于找到了运营微博账号的正确方法，方法涵盖以下几个方面。

1. 了解博主的类型

我观察写微博写得好的人，发现他们主要分为三类。

第一类是喜欢看书的人。他们每周至少看一两本书，由此积累了大量的知识，加上善于思考，他们在形成一个知识体系以后就可以不断输出。

第二类是实战经验丰富的人，我就是这类人。我做过各种生意，接触过外贸、内销、电商、直播、短视频，经历过成功与失败，有足够的内容可以用于写微博。

第三类是空闲时间多的人。很多优秀的博主由于本职工作不忙，有大把时间可以分享生活或者发展兴趣爱好。

2. 明确账号的类型

（1）记录型：把自己的工作内容记录并分享出来，这样就有了源源不断的素材。内容越实用，越容易吸引精准粉丝。

其优点是成本低，不需要团队，一个人运营就够了；缺点是内容有局限性，适用人群不够广泛。

（2）创作型：需要有一定才华，当然也不能凭空创作，而是基于大量素材；如果没有素材，也可以结合每日热点进行创作。

其优点是可以利用互联网这一杠杆无限放大个人才华；缺点是如果要变现，需要具备一定的商业头脑。

（3）运营型：需要团队，由团队成员负责寻找素材、制作加工、引流推广、变现等环节。

其优点是容易实现规模化，变现能力强；缺点是内容没有灵魂。

3. 在最难熬的"小透明"时期实现从零到一的积累

（1）"蹭"热点。要想"蹭"热点，我们需要了解并利用微博热搜区域的常见标签："新"代表热度实时上升的新话题；"热"代表有一定热度的话题；"沸"，顾名思义，代表热门话题；"爆"代表超级热门话题；"荐"代表广告。

比如，从微博热搜区域找到带"新"的话题，在写微博时加上这类话题标签，同时尽量使内容具有传播性，以利于别人转发，再多加一些相关的热点词，这样内容的权重就会得到提升。

通常情况下，加了话题标签的微博就会有流量。如果你想让自己的微博被更多人看到，可以付费推广。但是这个方法我没试过，是别的博主告诉我的。

许多人通过"蹭"热点获得了可观的流量。但是，"蹭"热点也是技术活，你需要围绕所"蹭"的热点分享自己独到的见解和干货，说出广大网民的心声，想方设法地引发大家的共鸣，这样就能快速涨粉了。

（2）找"大V"转发微博。我是因为微博偶然被"大V"转发才实现快速涨粉的，但是你可以把偶然变成必然。比如，跟一些"大V"搞好关系，分享一些适合他们的粉丝的干货，他们自然愿意转发相关微博。

当"大 V"转发你的一条微博后，你可以为他付费推广，这样这条微博会覆盖更多人，涨粉效果将会更好。

（3）**直接买粉丝**。这个方法我没试过。据试过的博主说，微博有一个工具叫"粉丝直通车"，使用这个工具时，用户可以选中一条微博进行投放，直接花钱买粉丝。买一名粉丝的成本为 4 元——有点高，而且买来的粉丝可能不够精准。

4. 创作高质量的微博

其实涨粉的速度在一定程度上取决于微博质量的高低。与其花大量精力研究涨粉技巧，不如认真研究如何创作高质量的微博。

"风爸育儿"是一个很好的例子，我的这个账号只运营了一年半，截至本书完稿，在微博上有 20 多万名精准粉丝，在小红书上有 6 万多名精准粉丝。它的核心就是不断提供价值，而有价值的内容的产生离不开厂嫂的付出。

厂嫂不是教育专家，她能做的就是陪伴孩子成长。在教育孩子的过程中，她学习了大量育儿知识，研读了国内外的大量育儿书籍，针对孩子的特点筛选和提炼了有价值的内容。我们强调在尊重孩子的天性的同时，正确引导，不"鸡娃"，不放任，抓重点。这是我们的教育主张，我们将它作为"风爸育儿"的核心理念，以吸引与我们有相同价值观的家长。

我们的素材主要来源于书籍，我认为阅读是自媒体人的基本功。不过，仅阅读是不够的，我们还要根据自身的经验进行实践，然后整理和加工素材，最后输出有价值的内容。

大家通过观察一些"大V"会发现，他们写微博时所用的模板就那几个，比如在开头吸引眼球，中间分类叙述，在娓娓道来的同时制造一些互动话题，结尾引发互动，吸引关注。

如果想高效创作，大家可以分析2～3个流量表现比较好的博主，把他们写微博时所用的模板整理出来，整合、修改成适合自己的模板。

在这里，我还要讲一个重点：搜索。其实，许多博主的素材来源于搜索结果而非书籍。一个人的搜索能力甚至可能影响他的前途。为此，我自创了一个词——搜商。它类似于智商和情商，是指主动通过搜索获得所需信息的能力，对于信息时代的个人发展至关重要。

一些人不懂搜索，他们对搜索的理解可能停留在"百度搜索"，而懂得搜索的人能熟练利用各大搜索引擎获得所需信息。比如，某AI工具刚推出不久，搜商高的人就从网上搜集各种相关教程，将其整理成一门课程，利用流量红利，摇身一变成为"老师"，赚得盆满钵满。

微博、小红书、哔哩哔哩、淘宝、抖音等都是优质的搜索引擎，你可以利用它们找到各种信息。比如，要找各种教程的话，你可以通过哔哩哔哩搜索。

需要注意的是，搜索时不能用单一词，否则会得到大量无效信息。要善于运用高级搜索功能或者组合词，以过滤掉无效信息。

我再介绍一个非常重要的搜索方法，那就是利用 AI 工具。百度的文心一言、字节跳动的豆包、阿里巴巴的通义……这些 AI 工具完全可以满足日常的搜索需求，而且它们还在不断优化，未来有可能替代传统搜索引擎。

相对于上述工具，我认为 DeepSeek 是一款更强大的推理工具。它能根据搜索到的信息，深入挖掘和推导一些更深的结论。当然，AI 发展日新月异，半年后可能又是另一番景象。

05 流量密码

洞悉平台机制，顺势而为

要想获得源源不断的流量，必须掌握一定的技巧，我把这些技巧称为流量密码。下面我将从不同方面介绍相关内容。

内容选题

1. 热点追踪

实时关注微博、知乎、今日头条等平台的热搜话题，涉及热门影视作品、娱乐八卦、社会热点事件等。比如，在热门电视剧播出期间发布相关视频就很容易获得流量。我记得电视剧《繁花》刚播出时，我整理并解读了"爷叔金句"，相关微博被转发了几千次，还被人搬运到抖音，收获数万次点赞。

关注平台内的热门挑战和话题标签，比如"抖音舞蹈挑战""美食制作大挑战"等，结合相关话题创作并发布视频，能让视频被更多人看到。

关注季节性话题，比如我之前说的梭子蟹、西瓜等时令食物，或者寒暑假、踏青等。

关注"网红"店和"网红"景点。突然爆火的事物具有一定的周期性，不会一下子消失，搜索的人也多。比如，在某地刚火起来的时候去"打卡"，拍摄和发布相关视频，就能"蹭"到许多推荐流量和搜索流量。

2. 用户需求挖掘

挖掘不同用户群体的需求，对其进行深度分析，并就如何满足相关需求提出有效的方案。

比如，针对育儿群体，分享"宝宝辅食大全"；针对减肥人群，提供"一周快速减肥食谱"或者"一个月瘦 10 斤"的锻炼方法。

记住，很多人追求高效便捷，所以我们要让教程简单易懂，这样能让内容火的概率更大。我的虾仁、青花鱼之所以卖得好，是因为我教的烹饪方法都很简单。我绝对不会教很麻烦的烹饪方法，否则人都被吓跑了，谁还会点赞、收藏、转发我的视频呢？

3. 独特视角与创意

以动物的视角讲述故事，比如分享小猫的一天。

制造时代反差，比如以"假如古人有手机"为题展开讨论。

制造形象反差，比如展示邋遢的人秒变时尚达人、魁梧的大汉绣十字绣。

制造场景反差，比如展示一个人在农田里跳芭蕾舞。

制造行为反差，比如展示严肃的老师突然在课堂上跳街舞。

对常见的话题进行独特的解读或反转，能给用户带来新鲜感。

尝试从冷门、小众的领域入手，挖掘潜在的用户需求。比如，进行冷门职业介绍、小众旅游景点推荐等的视频，由于面临的竞争相对较小，更容易脱颖而出。我曾经创作了一条介绍福建霞浦的视频，把霞浦主打的"卖海鲜不宰客"作为宣传重点，展示了霞浦的美食和美景，这条视频很快就火了。

4. 视频拍摄

以拍摄美食为例，可以展示独特的做法。比如，展示西红柿炒蛋的另类做法：把西红柿切片，去除果肉，倒入蛋液，煎至蛋液凝固。

有爽感的画面也容易吸引大家，比如切三文鱼、拉丝、爆浆、流汁等。我曾经为了拍出理想的拉丝效果，买了好多种芝士。

此外，应注意美食的造型。比如，一道平平无奇的菜通过巧妙摆盘，显得更加精致。

5. 视频制作

（1）开头吸睛

在视频开头 3 ～ 5 秒设置悬念、冲突或亮点，能快速吸引用户的注意力。例如，可以使用这样的文案："你知道为什么这件东西这么便宜吗？""接下来的一幕会让你惊掉下巴！"

运用夸张的表情、动作或特效，在视频开头制造强烈的视觉或听觉冲击，能让用户产生继续观看的欲望。

（2）画面清晰

确保拍摄设备的成像效果好，光线充足。使用三脚架、稳定器等辅助设备，避免镜头晃动。

对视频进行适当的调色和剪辑，使画面色彩鲜艳、对比度适中、视觉效果良好。

（3）时长合理

根据内容的复杂程度和用户的观看习惯，合理控制视频时长。一般来说，15 ～ 60 秒的视频时长比较合适，这类视频既能完整表达内容，又不会让用户感到疲惫。

对于重点内容或关键信息，可以通过放慢语速、放大画面、添加字幕等方式强调，以加深用户对它的印象。

（4）音频质量高

选择清晰的背景音乐，背景音乐的风格要与视频内容相匹配，以增强视频的氛围感。

确保配音或讲解的声音清晰、洪亮，语速适中，能让用户轻松听懂。

6. 标题与文案

（1）标题

使用疑问句、感叹句、夸张句等句式撰写标题，能激发用户的好奇心和兴趣，例如，"这种食物竟然能用来减肥？""哇，这简直是人间仙境！""这家饭店仅靠这一道菜就让大家每天排队！"

确保标题包含关键词，以提高视频在搜索结果中的排名，如"抖音热门美食制作教程：红烧肉的正宗做法"。

（2）文案

在视频的开头、中间和结尾处，添加适当的引导性文案，如"为视频点赞并关注我，更多精彩内容等你探索""看到这里的都是'真爱粉'，在评论区分享你的想法吧"，可以提升用户的互动率。

文案要简洁明了，突出视频的重点和亮点，以让用户快速理解。

7. 互动与运营

及时回复用户的评论和私信，与用户建立良好的互动关系，可以提升用户的黏性和忠诚度。

对于用户的提问，要认真对待、积极解答，让用户感受到被关注和重视。

8. 合作与推广

与同领域或相关领域的优质创作者合作，互相推荐，可以扩大双方的粉丝群体。双方可以合作拍摄视频、互相点赞与评论、举办联合活动等。

关注抖音的官方活动和扶持计划，积极参与，可以争取到更多的曝光机会和流量支持。

制订发布计划，保持稳定的发布频率，能让用户形成期待感。例如，每天发布 1 ~ 2 条视频，或者每周发布 3 ~ 5 条视频。

选择用户活跃度高的时间段发布视频，如晚上七点到九点、周末等，可以提高视频的曝光率。

9. 人设与风格

（1）打造独特人设

根据自己的性格、特长、兴趣等，打造一个独特的人设，例如搞笑博主、美食达人、知识科普博主等，让自己能够被用户快速记住。

在视频中展现自己的个性和风格，保持一致的语言风格、穿搭风格、拍摄场景等，提升自己的辨识度。

（2）形成风格标签

确定一种独特的风格，如搞笑幽默、温馨感人、酷炫时尚等，并在每一条视频中都将这种风格体现出来，让用户一看到这种风格就想到你。

运用统一的封面设计、字幕样式、特效等，形成专属于自己的记忆点，从而提升视频的辨识度。

10. 情感共鸣

能引发用户情感共鸣的视频主要有 5 类，下面我将举例说明。

（1）暖心类

一个女生看到漂亮的气球想为它拍照，卖气球的大叔主动蹲下配合。

（2）励志鼓舞类

一些身患重病却依然积极面对生活、坚持治疗的人分享自己的经历，他们以坚强的意志和不屈的精神，向大家展示了如何在困境中保持乐观。

一个农村孩子经过多年刻苦学习，最终考上了理想的大学。

一个身体残疾的人坚持锻炼，最终在马拉松比赛中实现了自己的目标。

一位家庭主妇在照顾家人的同时，通过自学掌握了一门新技能，并成功开启了自己的事业。

（3）"治愈"类

孩子给父母准备了一份特别的礼物，或者父母陪伴孩子度过了一个难忘的生日等。

一只可爱的小猫在主人的抚摸下发出呼噜呼噜的声音。

（4）温馨类

一家人围坐在一起吃团圆饭，欢声笑语充满整个房间。

一对老夫妻手牵手在公园里散步。

（5）幽默搞笑类

一些博主通过夸张的表演和有趣的段子来制造欢乐。例如，模仿不同角色的言行举止，或者用幽默的方式演绎生活中的一些趣事，如妈妈与孩子斗智斗勇。

大家应注意，要想让视频上热门榜单，必须确保视频传播正能量。

做一个快乐的营销号运营者

我靠卖货吃饭，而且热爱卖货，在成为带货达人之前，一直希望有一个平台能让我尽情发挥这方面的特长。微博肯定不行，如果我每天在微博卖货，粉丝肯定会逐渐变得不喜欢我。我需要一个平台供我专门卖货，这个平台必须达到流量足够大、商业路径清晰等要求，而且支持内容创作。于是 2020 年，我选择将符合条件的抖音作为我卖货的主阵地。

前文讲过，我选择美食赛道的理由是我本人比较喜欢做菜。我义无反顾地投身这个赛道以后才发现，在这个赛道脱颖而出并没有想象中那么容易。我虽然会做菜，但是和大厨相比还差很多，而且我也不是摄影师，在视频拍摄方面不如专业选手。我既不能把菜做得很精致，也不能把菜拍得极具吸引力，于是只能进行大量的练习。经过整整一年的反复练习，我的厨艺进步了不少；在拍了大约 500 条视频以后，我在视频拍摄方面终于达到了 60 分的水平，勉强能用视频来带货了。

这个时候，我面临两个选择：一是打造美食类个人 IP，以厨师的身份教做菜，成为探店博主、旅游美食类博主；二是运营美食类营销号，基本上以售卖生鲜产品为主。

我毫不犹豫地选择了后者，因为我知道，要想在短视频平台上打造个人 IP，需要拥有大量的时间、精准的人设、天赋等，我本身不具备这些条件，还不如做一个快乐的营销号运营者，毕竟我真正的爱好是卖货。于是，我开始运营"风中的小厨"。

之后由于业务繁忙、家人住院，我暂停视频拍摄，把"风中的小厨"交给合伙人运营。一直到 2022 年接手"不花心"这个生鲜品牌，我才重新投身美食赛道。

除了"风中的小厨"，我还运营了另外两个美食及生鲜领域的抖音账号，一个是"不花心生鲜旗舰店"（官方号），另一个是"然哥寻鲜记"（达人号）。两个账号都是纯粹的营销号，每天发带货视频、开直播。

很多朋友不理解营销号每天发带货视频的做法，认为这样是没有"灵魂"的。其实，营销号不需要灵魂，只需要出单。营销号就好比早餐店店主，路人想吃早餐就会进店购买，几乎不会关注店主的家庭、个人生活等，店主也不需要大家关注这些，安心卖早餐就行了。

别小看我这些没有灵魂的营销号，它们在短短一年多时间里帮我卖了 100 万多单。而且我把这些账号发布的视频内容复制到视频号、小红书和快手上，"一鱼多吃"，形成了一个小矩阵。由于我的视频质量较好，产品也不错，回头客越来越多，ROI 越来越高，我从 2024 年下半年开始持续赢利。

说到视频，这里有一个剪辑小技巧，我想和大家分享一下。

剪映（海外版叫 CapCut）目前是全球非常受欢迎的剪辑App 之一，可以完成大部分过去使用专业剪辑软件才能完成的工作。

虽然剪映操作简单，但是许多人剪辑一条视频还是需要花费大量时间，有的人剪辑一条视频甚至需要花一天时间。为了提高剪辑效率，我建议大家采用"实景拍摄＋模板混剪"的方法，相关步骤如下。

第一步：制订计划。把每个月要推广的产品按照重要程度分类，并为拍摄视频写好脚本。脚本也要标准化，以便批量复制。

第二步：拍摄与上传素材。花 1 ~ 2 天时间把所需素材一次性拍完，分类别将素材放在不同文件夹中并上传至网盘。

第三步：制作模板。按照脚本来制作模板，包括配音和添加字幕。

第四步：从网盘下载所需的素材，打开模板，利用剪映的素材替换功能，用自己的素材替换掉原来的素材，并对素材进行微调。

因为有了模板，剪辑一条视频可能仅需 10 分钟，十分省力。

这个方法可能只适合我自己，毕竟每个人的工作风格都不一样。我只是想告诉大家，有了模板，剪辑效率会高很多。我们把节省下来的时间用于游山玩水，多好！

小老板的打法

有些小老板排斥出镜，怕被同行看到。其实你只要肯出镜，掌握一些简单的视频拍摄技巧，不需要太多粉丝，不需要视频走红，不需要直播，就有很大概率接到订单。

为什么我会这么说？因为抖音有大量用户，其中就有你的潜在客户。你只需要在视频文案里加入行业关键词，在视频中介绍一些行业知识或者内幕，展示生产线，你的视频就会被精准地推送给你的潜在客户。如果他们本身就对你的产品感兴趣，自然会来询单。

我建议小老板在抖音进行蓝 V 认证，认证成功后，启用"展示联系电话""展示地址""展示营业时间"3 个功能，尽可能关闭隐私权限，不要怕被熟人看见，尤其是要启用"可能认识的人"这一功能。其他平台如果支持蓝 V 认证，也建议尽量进行认证。

之后，每周发布 3 ~ 7 条视频，每条视频的内容都应与账号定位相关。比如，解决交易中客户遇到的问题，突出自己的产品的优势，展示客户复购的案例等。

有条件的话，可以招一个助理，让助理帮你在快手、视频号、小红书、微博、百度等平台发布视频。

小老板运营"蓝 V"号最难的是坚持，但是只要坚持在多平台发布视频，收入是比较可观的——接一个大订单可能产生百万元、千万元甚至上亿元的销售额。

06 各大平台的流量分发逻辑

了解算法逻辑，让内容精准触达目标客户

抖音的流量分发逻辑

抖音的流量分发逻辑主要涉及以下几个方面。

1. 内容质量

（1）原创性。抖音鼓励用户创作原创视频，独特、新颖的视频更容易吸引用户的关注和得到平台的推荐。例如，一位创作者基于自己独特的风格创作出精美的动画短片，并在抖音上被大量用户点赞和分享。

（2）趣味性。有趣、幽默的视频往往能快速吸引用户的注意力。搞笑短剧、萌宠趣事、创意挑战等内容都具有较强的趣味性，非常适合用于视频创作。比如，展示一只会说话的鹦鹉与主人进行搞笑互动的视频，很容易在平台上走红。

（3）价值性。能够为用户提供有价值的信息，如涉及知识科普、技能教学、生活小窍门等的视频，也容易获得较高的流量。例如，一位美妆博主分享的化妆教学视频能够帮助用户提升化妆水平，受到很多用户的欢迎。

2. 用户互动

（1）点赞。点赞是用户对视频的一种认可。点赞数高的视频通常会被认为是优质内容，从而能获得更多的推荐机会。用户看到一条有趣的视频时，可能会不自觉地为其点赞，这不仅表达了他们对视频的喜爱，也为视频带来了更多的曝光机会。

（2）评论。用户在评论区发表自己的看法和感受，与创作者和其他用户进行交流，能够提升视频的热度。创作者及时回复评论，能增强用户的黏性。例如，在一条美食视频的评论区，用户希望创作者分享烹饪经验和心得，创作者如果积极回应，就能进一步获得用户的喜爱。

（3）分享。用户将喜欢的视频分享到其他平台或通过私信发给朋友，能够扩大视频的传播范围。如果一条视频被大量用户分享，说明它具有较强的吸引力，平台会给予它更多的流量支持。比如，一条感人的公益视频被用户广泛分享，平台就会将它推送给更多人。

3．算法推荐

（1）**个性化推荐**。抖音会根据用户的兴趣爱好、浏览历史，以及点赞、评论等行为数据，为用户推荐个性化的内容。例如，一个喜欢健身的用户会经常"刷"到关于健身教程、运动装备推荐等方面的视频。这意味着如果你的视频能够吸引与视频主题相关的用户，就有更大的机会获得更多的流量。

（2）**热度推荐**。热门话题、流行音乐、挑战活动等具有较高热度的内容更容易被推荐给更多的用户。创作者可以结合当下的热门元素进行创作，提高视频的曝光率。比如，在某部热门电影上映期间，创作并发布与该电影相关的视频，很可能会获得更多的流量。

（3）**地域推荐**。抖音还会根据用户的地理位置进行内容推荐，也就是说，与本地的热门事件、美食、景点相关的内容更容易被推荐给附近的用户。例如，一个当地的美食博主发布的推荐本地特色小吃的视频会更容易被本地用户看到。对于一些具有地域特色的创作者来说，可以充分利用这一特点，吸引本地用户的关注。

4．账号权重

（1）**粉丝数**。拥有较多粉丝的账号通常具有较高的权重，这能够为视频带来更多的初始流量。创作者可以通过持续输出优质内容、与粉丝互动等方式，吸引更多的粉丝关注自己。

（2）**账号活跃度**。定期发布视频、积极回复评论、参与平台活动等，都能提高账号的活跃度。活跃的账号更容易被平台识别和推荐。例如，一个每天都发布视频的创作者，其账号获得的曝光机会可能会比不定期发布视频的账号多。

（3）**违规记录**。遵守平台规则、不发布违规内容的账号，其权重相对较高。如果账号存在违规行为，如抄袭、发布低俗视频、恶意营销等，可能会被平台处罚，从而导致权重降低，影响流量。

总之，要想在抖音上获得流量，需要注意上述几个方面，不断学习和创新，这样才能在激烈的竞争中脱颖而出。

快手、视频号和小红书的流量分发逻辑

快手和抖音类似，但是快手的用户整体下沉，偏好更接地气的内容。这就意味着，你除了要让视频拥有吸引人的开头之外，还要让视频足够贴近生活，才能赢得广大快手用户的心。在题材方面，"三农"、搞笑娱乐、"土味情话"、乡村爱情类相对更受欢迎。

作为后起之秀的视频号，除了在算法上与抖音相似之外，还具备一个非常重要的流量分发逻辑，那就是考核转发率，转发率的权重非常高。因为视频号内容通过转发可以触达朋友圈、微信群以及所有微信好友，而且容易被广泛传播。我的助理小

陈加入了一个老乡群。每次我想通过"厂长帮您选好货"卖福利品时，就发布相关视频并附上链接，让小陈转发到老乡群里。通过这个老乡群，我的视频很快就能被转发上百次，我能因此卖几百单，"厂长帮您选好货"的基础销量很快就积累起来了！

视频号的这个转发功能是别的平台不具备的，所以我在后面会重点给大家介绍视频号。

小红书总体侧重"种草"，大多数用户的习惯是在小红书上看了笔记后去淘宝等平台搜索相关产品。在小红书上，平均每4次互动能够带来一次淘宝搜索。如今，小红书也在逐步发展电商。

在小红书发布笔记后，可以在笔记封面的左下角看到"小眼睛"图标，该图标中的数字等于笔记的阅读量，反映了笔记的点击率。在笔记展示界面，封面和标题吸引眼球的笔记会获得更高的点击率。

笔记后续的阅读量取决于平台推流情况，平台推流依据的是 CES（Content Quality，Engagement，Spread；内容质量，参与度，传播）评分。

每一篇笔记的 CES 评分 = 点赞数 ×1 分 + 收藏数 ×1 分 + 评论数 ×4 分 + 转发数 ×4 分 + 关注数 ×8 分。一篇笔记的 CES 评分越高，它得到的流量越多。

07 小红书的玩法
实操方法拆解，打造可复制的种草力

很多用户利用小红书"逛街"，也有许多用户把它当作搜索引擎，在上面寻找各种教程。创作者要想让自己的笔记被更多用户看到，就要关注笔记的封面、标题和内容。

前文讲过，封面对一篇笔记至关重要。如果封面没有吸引力，内容再好也很难有机会被大多数用户看到。

标题与封面一起出现，而且标题往往也被做成封面文案。我不建议大家做"标题党"，这是因为内容和标题不符会破坏用户的体验感和信任感，影响账号的"人设"。

内容是关键，必须有价值。用户在看完笔记后觉得有收获，才会转发、收藏笔记并关注账号。大家可以看一看"风爸育儿"发布的笔记，它们大多具有非常鲜明的干货属性。

在这里，我重点介绍一下内容价值，这是影响笔记的 CES 评分的关键。具体来说，内容价值涉及以下几个方面。

1．内容质量

（1）**实用性**。用户倾向于获取有实际价值的内容，如美妆护肤心得、旅游攻略、家居装饰灵感等。例如，一篇详细介绍如何挑选适合自己肤质的护肤品的笔记，会吸引很多有护肤需求的用户关注和收藏。

（2）**真实性**。真实的体验分享更容易获得用户的信任和引发用户的共鸣。创作者可以在小红书上分享自己的产品使用感受、旅行见闻、美食享用体验等，这种真实的内容能够让用户更好地做出相关决策。比如，一位创作者通过笔记分享了自己在某个小众旅游景点的真实游玩经历，介绍了这个景点的优缺点、交通及住宿情况等，该笔记对有相关旅游计划的用户具有很大的参考价值。

（3）**美观性**。小红书是一个注重视觉效果的平台，用户对笔记的美观性要求较高。创作者可以通过拍摄高质量的图片、运用合适的滤镜和排版方式，让自己的笔记更加美观，从而吸引更多用户点击。例如，一篇分享美食的笔记呈现了精美的美食图片，能够让用户更直观地感受到美食的魅力。

2．用户互动

（1）**点赞、收藏、评论**。用户的互动行为是小红书评估内容质量的重要指标之一。点赞和收藏表示用户认可和喜爱内容，评论则可以提升内容的热度和互动性。创作者可以通过积极回复用户的评论，与用户建立良好的互动关系，提升用户的黏性和忠诚度。例如，当用户在评论区提出问题时，创作者及时回复并提供详细的解答，会让用户感受到被关注和重视，从而增加对创作者的好感。

（2）关注。用户关注创作者后，会更容易看到创作者发布的新内容。因此，创作者可以通过持续输出优质内容吸引用户关注自己的账号。例如，一位美妆博主通过分享专业的美妆知识和实用的化妆技巧，吸引了大量用户关注。同时，创作者也可以与其他创作者互相关注，扩大自己的社交圈子，增加内容的曝光机会。

（3）分享。用户将喜欢的内容分享到其他平台，能够扩大内容的传播范围。如果一篇笔记被大量用户分享，说明它具有较高的价值和较强的吸引力，小红书也会给予它更多的流量。例如，一篇有关旅游攻略的优质笔记被用户分享到朋友圈、微博等平台，吸引了很多人来小红书查看其完整内容，小红书就会将这篇笔记推送给更多用户。

3. 标签和话题

（1）合理使用标签。使用标签是小红书进行内容分类的重要方式，用户可以通过搜索标签来找到自己感兴趣的内容。创作者在发布笔记时，应该根据笔记的主题选择合适的标签，以提高笔记被用户搜索到的概率。例如，发布一篇关于美食的笔记，可以为其添加"美食推荐""美食测评""美食攻略"等标签。

（2）参与热门话题讨论。小红书经常会推出一些热门话题，创作者可以结合这些话题进行创作，参与话题讨论，增加内容的曝光机会。例如，在某个节日期间，小红书推出了"××节礼物推荐"的话题，创作者可以围绕这个话题分享适合该节日的礼物清单，吸引更多用户关注。

4. 算法推荐

（1）个性化推荐。类似于抖音，小红书同样会根据用户的兴趣爱好、浏览历史和点赞、收藏等行为数据为用户推荐个性化的内容。例如，一个喜欢健身的用户会经常浏览到关于健身方法、健身装备推荐等方面的笔记。这意味着如果你的笔记能够吸引与其主题相关的用户，就有更大的机会获得更多的流量。

（2）热度推荐。热门内容更容易被推荐给更多的用户。笔记的热度通常由点赞数、收藏数、评论数、分享数等互动数据决定。创作者可以通过提升笔记的质量和互动性，让笔记成为热门内容，获得更多的推荐机会。例如，一篇关于时尚穿搭的优质笔记在短时间内被大量用户点赞和评论，就有可能被推荐给更多的用户。

（3）新用户推荐。小红书会给予新用户一定的流量扶持，让他们的笔记有机会被更多人看到。新用户可以积极发布优质内容，参与话题讨论，提高自己的曝光率。同时，新用户也可以关注一些热门创作者，与他们互动，提升自己在平台上的活跃度。

我个人认为，小红书更侧重图文笔记而非视频，用户也更习惯于阅读图文笔记。 我有两个小红书账号，其中"然哥寻鲜记"以发布视频为主，"风爸育儿"以发布图文笔记为主，"风爸育儿"的数据表现就远超"然哥寻鲜记"。

此外，小红书账号"不花心海鲜"是由我公司的一个"00后"小伙子运营的，近期表现也不错，发布的笔记经常成为热门内容。我发现年轻人发布的笔记更具新颖性。比如，在提到三文鱼的吃法时，我们往往想到生吃，但是这个小伙子想到了各种稀奇古怪的吃法，相关笔记一下子就火了。我之前还想纠正他呢，现在想来，幸好当时忍住了。由此可见，不走寻常路同样也是流量密码。

08 视频号的机会
连接内容与用户购买的新渠道

2024 年，视频号小店升级为微信小店，同时优选联盟降低入驻门槛，扩大招商范围。

大家不要小看腾讯的电商生态，它已经覆盖微信小店、微店、有赞以及无数购物小程序（包括京东和拼多多等的小程序）。另外，目前很多人习惯使用微信支付，打开微信的频率越来越高。在这样的背景下，腾讯绝不会白白浪费这手好牌。

私域电商太依赖熟人，市场空间实在有限，而且商业链条相对封闭，缺少售后保障。腾讯要做电商，就需要获得公域流量，而这需要海量的产品来支持。在腾讯没有海量产品的情况下，抖音推出了精选联盟这个巨大的产品库，满足了海量达人带货的需求。这让腾讯看到了希望。

抖音依靠内容电商一跃成为我国四大电商平台之一，仅次于淘宝、拼多多和京东。视频号只需要沿着其足迹前行，并利用微信庞大的用户群体和社交属性，就完全有可能崛起。

我作为自媒体从业者，发现视频号的流量算法、大框架和抖音的相似度很高。抖音的精选联盟已经超越淘宝联盟，成为许多达人带货的首选。而视频号的优选联盟背靠微信，急速追赶快手的好物联盟，发展迅猛。

同时，视频号也在完善其带货生态，现在与我合作的一些达人在视频号带货的效果不亚于在抖音带货。这表明，商家只要正规经营，还是有机会通过视频号赢利的。

我还注意到，一些带货达人抱怨很多产品未被优选联盟收录，那是因为平台还在发展早期。随着时间的推移，优选联盟收录的产品会更丰富，但竞争也会更激烈。有经验的朋友现在或许可以入局，而对小白来说，最重要的是学习而不是赚钱。你在一个平台学习后，说不定在另一个平台就能赚到钱了。就拿我身边的案例来说，以前跟着我在抖音学习，现在在视频号赚到钱的人不在少数。

09 玩转私域流量

打造信任闭环，把客户"留在身边"

公域和私域的区别

很多人认为私域就是微信群和朋友圈，这种理解太片面了。

私域是指品牌或个人自主拥有、可以自由控制和免费反复触达用户的场域。比如，各种社群、论坛、实体店都属于私域。又比如，知识星球、小红圈等社群 App 也都属于私域。

公域和私域的区别主要体现在以下几个方面。

1. 流量的归属权

（1）公域：流量归属于平台，品牌或个人需要通过付费推广等方式从平台获取流量，且对流量的掌控力较弱。比如，在淘宝、京东等电商平台上，品牌依赖平台的流量分发机制来获取用户，并且无法完全自主地决定流量的走向。

（2）私域：流量归品牌或个人所有，能够被其自由控制。例如，对于通过公众号、小程序、社群等渠道积累的用户，品牌可以直接与其互动，不会过多地受平台限制。

2. 流量的获取方式

（1）公域：主要通过投放广告、提升搜索排名等方式获取流量，成本相对较高。比如，在抖音上投放广告需要投入一定的资金。

（2）私域：通常通过内容营销、社交裂变、口碑传播等方式获取流量，成本较低。比如，发布优质的文章吸引用户关注公众号，或者让老用户推荐新用户加入社群。

3. 用户的触达频率

（1）公域：用户的触达频率较低，受平台规则和算法的影响大。例如，在电商平台上，商家只有在用户搜索相关关键词或自身被平台推荐时才能被用户看到，而且平台会不断调整规则和算法，影响商家的曝光度。

（2）私域：支持多次、免费触达用户。通过微信等工具，运营者可以随时向用户推送消息、举办活动，提升用户的活跃度和黏性。

4. 关系的深度

（1）公域：用户与品牌或个人的关系相对较浅，用户的忠诚度较低。用户在公域往往更注重产品的价格、功能等因素，容易被竞争对手吸引。

（2）私域：品牌或个人可以与用户建立更深入的关系。比如，品牌通过持续与用户互动和为用户服务，了解用户的需求，为用户提供个性化的问题解决方案，提升用户对品牌的认同感和忠诚度。

5. 营销的精准度

（1）公域：由于品牌或个人对用户的了解有限，加上平台只能根据用户的搜索历史、浏览行为等进行大致的用户画像分析，营销的精准度相对较低。例如，品牌在平台上进行产品推广，平台会把品牌的产品推送给大量用户，而这些用户并不都是品牌的目标用户。

（2）私域：品牌或个人可以通过用户标签、数据分析结果等，深入了解用户的兴趣爱好、消费习惯等，实现精准营销。例如，在社群中，品牌或个人可以根据用户的反馈和需求，推出具有针对性的产品和服务。

如何进行私域营销

1. 在公域持续获客

根据我的观察，要想在公域持续获客，要么有好产品，要么有好内容。

在电商公域，如果拥有好的产品，你可以通过平台的自然流量来获客，也可以选择付费获客——你持续付费，就能持续获客。在产品同质化严重的现在，单纯依靠自然流量获客的效果不稳定，如果付费获客可以带来较高的回报率，你不如持续采用这种方式。

而在自媒体公域，你只要保证内容好、独特，不需要怎么推广就可以持续吸引顾客。我每天起床后都会思考两件事，一是如何让内容具有价值，二是如何让自己的内容跟别人的不一样。

2. 持续把公域流量引到私域

公域给了我们一个窗口，让我们展示自己、销售产品；而私域要求我们给顾客一个理由、一个"钩子"，把顾客吸引到"自家后院"。同时我们在私域需要为顾客提供价值，这样才能让顾客反复消费。

若顾客不愿意来私域，我们要思考原因。第一个原因是顾客认为售后没保障。对此，我们需要打消顾客的顾虑，把顾客服务好。有了好口碑，就不怕顾客不来。

第二个原因是顾客嫌麻烦——比如买东西还要加微信。对此，我们需要提供物美价廉的产品，而且产品的种类要丰富，以满足顾客"逛街"的需求。

我们在私域提供的产品，应该具有很高的性价比，或者具有很强的稀缺性。让产品具有高性价比并不难，我们只需要把广告费折算成优惠金额，给顾客让利，这样一来，顾客自然愿意购买我们的产品。

而稀缺性通常是土特产的特征，销售这类产品有相应的方法。比如，云南的土特产非常多，特别是野生菌菇，由于产量非常有限，在市面上很难买到，只能小范围售卖，因此相关微商会出现在云南游客众多的景点或者饭店。其实这些地方也属于公域，微商在这些地方卖土特产，就很容易加到顾客的微信，从而进行私域营销。

我们除了要为顾客提供实用价值，还要提供情绪价值。我认识一个女生，她是做豪车销售的，形象和气质都不错，服务态度也很好，她通过在实体店销售豪车，以及在抖音、小红书分享日常生活，加了几千个顾客的微信。她在朋友圈卖高档汽车的相关用品，以及我的高档虾和三文鱼，销量都不错。我还认识一个在黄山脚下卖农产品的微商，他摄影水平很高，天天在朋友圈分享黄山美景、市井民俗，展示有烟火气、令人赏心悦目的画面，顺便卖一些农产品，生意也很好。

3. 让顾客持续在你这里消费

让顾客进入你的私域只是第一步，最重要的是让顾客持续在你这里消费。所以你在私域销售产品时一定要想办法吸引顾客，以提高顾客的消费频次。大家可以参考一些实体店的做法。例如，我奶奶家附近某超市的产品品质优良、品类丰富，不仅有高性价比的日常百货，更有小众尖货、奇货。那家超市还推行会员制，很多人加入了会员，买东西时能享受折扣，一年下来能省不少钱。此外，那家超市时不时为某些产品设置惊爆价，所以回头客很多，生意很好。总而言之，产品品质优良、品类丰富、价格实惠，都能促使顾客持续消费。

接下来，我给大家分享几个做私域的成功案例。

案例 1：王哥主要卖野生大黄鱼，也卖一些舟山特色小众海鲜。这类产品由于产量很低，无法进入大流通渠道，顾客只能通过微信找他买。他告诉我，春节期间有位客户找他一次性买了几十万元的海鲜礼盒送人。

案例 2：张姐有很丰富的供应链资源，经常能拿到品牌清仓货——价格低至一折，一上架就被迅速买光。

案例 3：某高档小区内有一家水果店，虽然水果价格偏高，但是品质稳定。这家水果店不入驻任何外卖平台，只通过微信为顾客提供送货上门服务，客源稳定。那个小区的商铺换了一次又一次，唯有这家水果店实现了稳定经营。

案例 4：四季青某店的老板娘阿春加了大量二级批发商顾客的微信，每次上新都会发朋友圈，顾客都是直接通过微信从她那里下单拿货。

案例 5：江苏某超市自建微信小程序，顾客通过小程序购买产品可享受会员折扣。此外，该超市还提供送货上门服务。该超市的年销售额为 7000 万元，其中小程序产生的年销售额高达 3000 万元。

案例 6：我的朋友"上海牛肉哥"专注于销售高端牛排。他曾在一家做进口生鲜业务的公司打工，后来公司倒闭了，他决定利用手上的进口渠道创业。一开始，由于没有任何客源，他就去上海某高端别墅区跟物业合作，通过摆摊让业主免费试吃高端牛排，在这个过程中加了一些业主的微信。这些业主对高品质生鲜产品的需求很旺盛，于是他就有了第一批稳定的顾客。后来他通过我的合作伙伴"海哥"找到我，我在微博帮他带了一次货，粉丝对他的产品的反馈非常好，于是他成了我的稳定供应商。他善于找一些差异化的小众尖货，比如新西兰草饲 3 个月的羊的小腿，肉质非常鲜嫩可口且没有膻味，每次上架都会被买光。

案例 7：某博主一直做生意，认识许多品牌方。在微博积累了一定的流量以后，他开始在私域卖一些性价比很高的产品。他从不删差评，经常在微博评论区亲自当客服，因此获得了许多顾客的信任，这些顾客经常去他那里消费。

许多网友每天问我如何进行私域营销。我觉得：首先，违法的事情千万不能做；其次，要给顾客一个购买产品的理由，比如产品便宜、稀缺等。理论上，除了一次性消费品，大多数产品都能在私域销售。如果销售效果不理想，可以通过价格优势吸引顾客。比如，我卖扫地机器人卖了 5 年，产品来自大品牌，享有售后保障，而且比官方渠道便宜 1000 多元，每次上架都会被买光。

第四章

个人成长感悟篇

修内功，长视野，练心性
真正走得远的，是善于自我修复的人

➤ 长期主义
做靠谱的事，交靠谱的人，赚踏实的钱

➤ 成长心得
不靠风口、不赌运气，而是看清商业逻辑，建设能力体系

➤ 实战逻辑
每一次从失败中复盘，都是一次认知进阶

➤ 终身学习
持续输入新知，是创业者延长增长周期的护城河

➤ 心态建设
创业不过是人生路上的风景，过程大于结果，愿你享受其中

01 择业与就业
选择合适的起点，开启无限可能

别看网上有那么多成功人士，其实在现实生活中，绝大多数人都是普通人，我也不例外。大家了解了我的经历以后会发现，我除了特别努力之外，并没有太多过人之处。我和大家一样，毕业后害怕入错行，害怕走弯路。但我是幸运的，毕业后不久就找到了自己热爱的事业并为之奋斗。我现在小有成就的关键就在于，工作给我带来的快感超过打游戏、"刷"短视频等，我能心甘情愿地为工作付出大量的时间。此外，我完全是靠持续投入时间和精力，才掌握了超过平均水平的技能的。

个人认为，在择业与就业方面，我们可以从以下三个方面去考虑。

第一，自身情况。我们需要基于自己的性格、爱好、能力等择业。有的人喜欢跟数据打交道，可以说是天生的运营人员；有的人喜欢跟人打交道，可以从事销售、采购、公关等方面的工作；有的人喜欢跟产品打交道，可以进入生产型企业的产品部门；有的人审美水平高，可以从事创作类工作。总之，行行出状元。可如果选择了自己不适合也不喜欢的，那就度日如年了。

第二，平台。在这里，平台主要指你想进入的企业。你需要了解它是否有发展前景，是否注重培养新人，是否能让你学到东西、实现自我价值，等等。如果只能提供一个像"工具人"一样的岗位，让你日复一日从事某一个环节，一成不变，这个平台就不算有前景。

第三，行业。弄清行业是否处于上升期很重要，对于处于衰退期的行业中的企业来说，除了少数大企业，其他企业很可能朝不保夕，裁员的概率很大。我的经验是：想稳定一点，就选择消费品行业中的龙头企业，因为消费者的衣食住行永远是刚需；想挑战自我，就进入新行业。注意，迅速崛起、门槛又低的行业，其红利期往往很短。

如今，很多年轻人想做小生意或者发展副业。我不反对创业，但是我反对盲目创业。年轻人有创业的想法并不是坏事，但我建议先把主业做好，有了稳定的收入以后再考虑创业。此外，如果选择创业，千万不要随意囤货、加盟和开实体店。

我刚开始运营自媒体时，我的粉丝以小老板为主。后来，我的粉丝中慢慢有了许多年轻人——有的刚大学毕业，有的在上大学，有的甚至还在上高中。

我不止一次遇到一些"90后"甚至"00后"的粉丝问我

为什么"80后"不容易焦虑，而他们以及他们身边的同龄人特别容易焦虑。

我认为，过去大家努力以后往往就能快速看到成效，而现在竞争相对激烈，进入好企业的门槛更高，自己做生意也更难赚钱，所以大家容易焦虑。

此外，过去网络不发达，大家没有机会了解那么多的成功人士，而现在一些自媒体平台善于制造焦虑。特别是短视频平台，你越焦虑，它们越容易给你推送有关焦虑的内容。

抛开这些，外界的影响也容易导致焦虑。我是一个很少焦虑的人，因为我可以做到基本不受外界影响。我一旦焦虑就会去看书、看剧，去海边，去大山里，去草原上，以转移注意力，让自己平静下来。

我认为，不要管竞争对手说什么或显摆什么，只要不理他们，就不容易受他们的影响了。有一次，业务员对我说某些老板又在外面说我们公司不行了。说实话，对于那些竞争对手，我连他们的名字都记不起来了。我认为，做好自己的小生意，专注于推出好产品，这就挺好。

02 各种生意拆解

熟知盈利模型，创业胸中有数

做生意的核心就是做模型

我认为，做生意的核心就是做模型。我给大家说一说大概的思路。

1. 工厂的盈利模型

某工厂的年产量为 100 万件，平均销售单价为 50 元，则产值为 5000 万元。在成本方面，原材料费为 2500 万元，辅料费为 800 万元，工资为 300 万元，管理费用为 200 万元，水电费为 150 万元，房租为 150 万元，税费为 150 万元，营销费用为 100 万元，设备维护和折旧费用为 100 万元，杂费为 50 万元。由此可计算出净利润为 500 万元，利润率 10%。你需要考虑这 10% 的利润率能否让工厂应对各种意外风险和市场变化。

2. 电商的盈利模型

某电商将成本为 50 元的产品以 100 的价格进行售卖，那么毛利占 50%。假如推广费用占 15%，物流费用占 5%，人工费用占 5%，平台管理费用占 5%，退换货损耗费用占 5%，仓储费用占 3%，办公杂费占 2%，则净利润占 10%。你需要考虑这 10% 的净利润能否支撑囤货、缴税等。

3. 外贸公司的盈利模型

假设某外贸公司共有 20 人，其年销售额为 5000 万元，通常毛利率（销售价减去出厂价和报关及运输费用）为 15%，也就是毛利为 750 万元。

你只需要计算这些毛利能否覆盖员工工资（人均 15 万元的话，那么工资费用为 300 万元，占年销售额的 6%）、营销费用（按 100 万元来算，占年销售额的 2%）、提成（净利润的 20% 或年销售额的 1%）、办公室租金（占年销售额的 1%）等，一般销售传统产品的外贸公司最后剩下的净利润仅占年销售额的 5%，这是由市场决定的。

4. 跨境电商的盈利模型

一般先算毛利，单个产品的毛利一般是销售价减去出厂价、头程费用、佣金、广告费、配送费、仓储费，像我们这样的公司还有退税，正常的毛利率应该在 20% 以上，而毛利减掉工资和办公成本就是净利润。

一个人运营自媒体通常没什么开销，付出最多的就是时间。在这种情况下，可以不做模型，如何运营全由自己决定。但是如果由团队运营自媒体，情况就复杂了。我知道许多自媒体运营团队，其规模从十几人到上千人不等。说真的，自媒体运营团队容易陷入流量焦虑，因为平台流量分发机制经常变换，而粉丝也容易产生审美疲劳，加上内容上热门也有许多不确定性，所以自媒体人很难做出一个相对稳定的盈利模型。

外贸公司盈利模型拆解

仅仅知道盈利模型还不够，我们还要具备拆解盈利模型的能力，才能在经营过程中少走弯路。

很多工厂羡慕做轻资产生意的外贸公司，特别是小型外贸公司。与我合作的外贸公司规模有大有小，其中大多数的年销售额为 500 万美元（约合人民币 3500 万元）左右，且比较稳定。下面我针对这些公司进行成本拆解。

1. 场地租金。场地租金为 15 万元左右一年，通常情况下市区场地占地 100 多平方米，郊区场地占地 200 平方米左右。

2. 人员基本工资。假设有 3 ～ 4 个业务员，1 个单证员，1 个财务专员，2 个 QC（产品质量控制专员），按人均月薪 5000 元左右计算，一个月的人员基本工资为 4 万元左右，一年约为 50 万元。

3. 提成及奖金。提成及奖金为年销售额的 2%，即 70 万元左右。

4. 营销成本。去掉政府补贴部分，每年参与国内外展会的各种开销为 20 万元。至于阿里巴巴国际站或谷歌的推广费用，保守估算为每年 20 万元。

5. 办公费、差旅费、水电费、物业费、国际快递费及各种杂费。这些费用一年至少为 20 万元。

因此，总运营成本为 195 万元左右（不包括税费、公积金）。

按服饰鞋帽的平均毛利率为 10%（退税后）来算，毛利为 350 万元，用毛利减去总运营成本，可知利润约为 155 万元，也就是说净利润占销售额的 4.4%。

再来说说汇率。以 2024 年为例，上半年人民币对美元的汇率一度是 7.30，而下半年达到过 7.03，跌了近 4%。部分中小型外贸公司并没有锁汇，因此很可能不会赢利甚至面临亏损。

什么样的外贸公司过得比较滋润呢？答案是毛利率高于 20%，具备一定的开发能力、设计能力的外贸公司，比如原创型外贸公司，可以利用高价赚取高利润，但其开发和人员成本较高。

下面通过几个例子对过得比较滋润的贸易公司进行介绍。

1. 原创型贸易公司

我有一个朋友——一位时尚的女老板，她的审美水平一直很高。她一开始是某时装公司的业务员，单干后做了女包外贸。她热爱旅行，特别喜欢去欧洲，每次都能在旅行中找到灵感。她眼光独到，在做工上追求极致，不主张跑量。因为她给工厂报的价格很合理，加上她人品不错、善于社交，工厂特别配合她。她的公司的年销售额为300多万美元，毛利率高达40%。

由于质量上乘，她的产品能被国外客户以高价顺利销售。他们争相找她下单，渐渐都变成她的粉丝了。如此一来，业务员不需要开发新客户，跟客服差不多了。

她的公司装修得特别有品位，开阔又精致，一年的租金为40万元左右。她有8名员工，包括业务员、跟单员、QC、财务专员，他们的工资加提成一年为100万元左右。

因为客户都变成粉丝了，她的营销成本比较低，每年不超过20万元。办公费、国际快递费、差旅费、水电费、物业费、杂费等，满打满算也只有20万元。

去掉约180万元的营销成本，以及各种其他费用，她的净利润达500万元。

2."靠山型"外贸公司

我的另一个朋友曾在某服装外贸公司工作，后来她得到了一大笔投资，自己开了公司，专门接投资人的订单（中高端小众服装），每年的销售额为四五百万美元，毛利率为30%左右。她的公司只有6个人，她负责接单，2个业务员只负责跟单，其他人员包括单证员、QC和财务专员各1个。由于公司只有投资人这么一个客户，大家赚得不少，工作又不多，日子过得特别舒服。后来该投资人去世了，没有订单来源了，公司就解散了。

3. 自主品牌型外贸公司

我有一个大客户是苏州的，他有一家外贸公司。他的公司区别于其他许多外贸公司，拥有自主品牌，主要面向欠发达国家销售产品。

他的产品设计得很高级，由我们这种给欧美品牌代工的工厂生产，在销售上主要依赖海外代理商。在产品质量差不多的前提下，他的产品价格是欧美品牌产品价格的一半（欧美品牌产品的溢价很高），所以海外代理商纷纷放弃代理欧美品牌，转而与他合作。

他的产品很快在那些欠发达国家挤走欧美品牌产品，成为"龙头老大"。他的外贸公司也发展得很快，销售额每年翻倍增长，2020年的销售额已达到几十亿美元。

传统鞋厂拆解

我的鞋厂是 2007 年底开设的,前文讲过,后来由于经营不善,鞋厂差点倒闭,得益于原材料价格暴跌才存活下来。在第一章第七节中,我重点拆解了鞋厂走上正轨后的成本与利润,大家可以参考。

外贸服装厂拆解

我有一个服装厂,从表面上看,它完全是属于我的,有关它的所有事都由我一个人说了算,但是实际上我是甩手掌柜,因为我有一个责任心比较强的厂长。下面我来讲讲关于这个服装厂的故事。

2010 年,我发现生产梭织类户外服装利润高、投入小,于是在鞋厂里划出一个占地几百平方米的车间作为服装厂,专门用于生产这类服装,我因此获得了可观的利润。后来,这件事还是被周边的一些老板发现了。他们纷纷模仿我,从我这里挖客户,和我展开价格战,我的利润少了很多。

2014 年,第一任车间主任回老家自己开厂了,D 师傅成为第二任车间主任。D 师傅以前就开过服装厂,但最终倒闭了,心有余悸的他不愿再创业了,就想安安心心地打工。我认为他经验丰富、做事踏实,他接任车间主任以后,效益确实提升了很多。

但是把鞋厂和服装厂放在一起可谓犯了大忌，因为一山不容二虎，鞋厂的副总 X 和 D 师傅慢慢有了矛盾。5 年以后，他们的矛盾终于爆发了。他俩都来找我诉苦，我说不清到底谁对谁错，最终决定把服装厂搬到 D 师傅的老家衢州。

2020 年，也就是服装厂刚搬到衢州的第一年，由于订单量大幅提升，这个只有 40 人左右的工厂的产值已接近 3000 万元。2021 年，由于接了一些大订单，服装厂的产量大幅提升，产值接近 5000 万元，但我却没赚到什么钱，主要原因是原材料价格大涨，以及为了满足客户的需求，我进行了扩产，增加了一个厂房。

2022 年，受亚马逊大卖家的影响，服装厂的订单又缩减到从前的规模，我把新增的厂房关闭了，投资的钱打了水漂。

2023 年，服装厂的产值为 2800 万元，利润只有不到 100 万元，且资金占用比较严重：成品仓库有价值 200 多万元的货，所囤面料价值近 200 万元，许多货还在运输途中。如果不扩产，客户就会去竞争对手那里；如果要扩产，需要再投入至少 200 万元，还要面对市场、汇率、原材料等方面的风险。

夫妻店拆解

C 妈和她的老公经营着一家淘宝店，他们和我从 2016 年合作至今。这家店每年的销售额都保持在 1500 万元左右，由于客单价比同行高许多，其净利润非常高。

C 妈的老公原本是老师，而她是某银行的客户经理。生孩子后，她为了照顾孩子辞去了工作，做起了微商，加了许多"宝妈"群，主要卖一些外贸尾货。她无意中发现日本某品牌童装尾货卖得特别好，但是供货商的报价偏高。于是，他们通过 1688 搜到了相关工厂，发现其尾货还有不少，而且价格很低。经过商量，他们决定开淘宝店卖这些尾货。

夫妻俩一开始没什么钱，连产品图都是自己拍的，他们还让自己的孩子当模特。当时淘宝、天猫上的许多卖家喜欢找外国童模来展示产品，他们这种朴素的拍法倒显得别具一格，加上产品本身设计感强，产品一下子成为爆款，很快就卖光了。于是他们又找 A 工厂定做了一批产品，产品上架后又马上卖光了。由于产品售价不低，他们仅用几个月就赚到了不少钱。但爆款很容易被抄袭，很多卖家开始销售"同款"，价格竞争十分激烈。

这时，C 妈的老公已经辞去工作，全身心投入淘宝店的运营中了。夫妻俩意识到拼价格不是长久之计，于是开始转型走原创路线。他们最初只推出了一个系列，以卡通动物图案为核心卖点，A 工厂负责生产，因为 A 工厂的产品品质高，撑得起产品的高单价。结果这个系列又卖得不错。这时候，A 工厂的老板看到他们生意很好，于是自己开了家淘宝店，卖一样的产品。夫妻俩很生气，但这个工厂的老板毕竟算是他们的恩人，所以他们也没怎么跟 A 工厂计较。不过他们因此意识到不能在一棵树上吊死，开始寻找更多工厂，开发更多产品。

他们的店铺是淘宝 C 店，在淘宝上并不显眼。但由于产品质量好，产品单价高，回头客多，他们获得了可观的利润，所以有钱开发新产品。后来他们陆续开发了帽子、手套、围巾。在走过一些弯路以后，他们有意识地找做外贸产品的工厂，因为这类工厂的标准高，产品品质好。找到我厂以后，他们发现我厂的鞋子设计感很强，于是大方地向我厂投资开发私模。虽然他们每次的订单量不大，但是报价很合理，我们便一直合作到今天。

他们每次都是自己过来验货，我和他们也慢慢成了无话不谈的朋友。就跟写微博一样，我也像竹筒倒豆子一样将自己开淘宝店的经验全部分享给他们，还建议他们为产品申请专利。

他们有困惑时也经常来找我。比如，他们在销售旺季一天要发五六百件货，7 个人根本忙不过来。他们得知我这里只有5 个人，一天却能有序地发几千件货，便来向我取经。我让仓库主管加了他们的微信，教授他们相关技巧。现在他们的仓库只有 3 个人，在销售旺季一天最多可以发 2000 件货。

我给他们算了一笔账。他们的年销售额为 1500 万元，产品售价是出厂价的 3 倍，产品很少打折，毛利率平均为 65%左右。在成本中，推广费占 15%，物流费占 5%，仓储费占1%，员工工资为 40 万元上下、占 3%，杂费占 5%……他们的净利润非常可观。

C 妈比较重情义，她知道我的鞋厂关闭后，依然选择和我合作。不知不觉又过了好几年，我写下这些文字的时候，仿佛又回到了初识他们的时光。

03 关于合伙
如何选择理想的合伙人

关于合伙，我是有惨痛教训的。我曾两次与人合伙开厂，我们每次都从合伙走向了散伙。我总结了自己在合伙方面的经验，希望对大家有所帮助。

在与合伙人创业初期，大家需要注意以下几点。

第一，确保股权明晰。以章程的形式明确股权，并在工商局备案。

第二，保证分工明确。合伙人最好是互补型的，比如你负责管理，我负责销售，他负责公关，等等。如果有人只投资，不参与经营，大家从一开始就要明确这一点。

第三，确定规矩。一切按规矩办事，不能徇私。

第四，确定控股股东。经营过程中出现分歧很正常，但必须有人做决断。

第五，制定合理的分红和退出机制。明确分红的时间和方式，以及退出时能获得的利益，以避免产生纠纷。

第六，避免亲戚进入公司。特别是不要让亲戚负责核心业务，否则容易引发矛盾和猜忌。

在我看来，合伙人没有好坏之分，关键在于是否合适。 在企业初创阶段，夫妻、兄弟往往是最佳搭档；随着企业发展壮大，理想的合伙人应是可以互补的，不仅要考虑人品、性格等因素，也要尽量找与自己有相同价值观的人。此外，还要考虑合伙人的经济条件。

我也遇到过理想的合伙人——林子。他也是传统行业出身，我和他是在线下认识的，他一看就是那种很实在的人，没什么心眼。他家很有钱，在上海有很多房子。他完全可以"躺平"，但他一心想要创业，我们一拍即合。

2021年，他从上海搬到杭州和我创业，做美食短视频电商。除了接手"风中的小厨"这个账号，他还运营了一个带货账号"异想精选"，为家族企业的东南亚美食带货。刚开始一切还算顺利，但是后面因为要照顾我爸，我不得不离开杭州去上海，林子则留在杭州维持业务。

由于杭州那边的新人都没经验，我以为"风中的小厨"这个账号会黄。没想到林子在杭州苦苦支撑了半年，通过与团队长时间磨合，硬是闯出了一片天。他也经常来上海看望我爸和我。

后来林子又和我一起出资买下了不花心这个生鲜品牌，慢慢把业务做大。林子为不花心投入了大量的精力，这也是不花心能站稳脚跟的关键。

有一段时间，我每天都要和林子谈业务谈到深夜，一大早又要被他叫起来开电话会议，睡眠严重不足。他每天都待在工厂，从早到晚跟我远程沟通产品细节，将我们的每个品类都和知名品牌对比。不花心的高品质产品——虾仁，就是林子"卷"了几个月"卷"出来的。

与我相比，林子唯一的劣势是嘴巴不如我挑剔。比如，对于同样的产品，有时他觉得口感可以，可我依然觉得不行。所以他每天都会从工厂寄样品给我吃，让我提意见。此外，他还为做各种产品检测花了不少钱。我很少看到有电商老板这样认真地对待产品。

2024年，不花心达到了一定规模。为了确保生鲜产品全部拥有高品质，我们必须拥有优质的供应链。于是我们迎来了第一次融资，增加了一位实力派合伙人——滕总。依靠滕总的渠道和资源，不花心在品控和销售方面上了新台阶。

滕总与我们合伙之前不只是我们的供应商，还在不花心的经营中给我们提供了许多帮助和指导。我和林子与他对接了十几次，发现他虽然早已实现财务自由，但对事业依然充满激情，凡事都喜欢亲力亲为，一看就是做实事的人。滕总的经营理念和我们的初心高度一致，更重要的是他有丰富的行业经验，那正是我们渴望的。

后来，滕总来杭州与我们签了合同，这标志着我们和他合伙成功。我们本想找个地方好好庆祝一番，滕总却选了望江门的一家苍蝇馆子。我们几个人点了 4 碗面条、3 瓶啤酒、3 碟小菜，在一片嘈杂声中把酒言欢。那样的场景，让我想起了 15 年前创业的时光。

04 实现财富增长的关键

持续成长，注重规划

自我成就

我基于自己和身边人的情况，总结了一些有利于自我成就的方法。

第一，注重学力。到了一定年纪你就会发现，人和人的差距体现在工作以外的学习上。《教父》里有一句经典台词："在一秒钟之内看到事物本质的人，和花半辈子也看不清事物本质的人，自然拥有不一样的命运。"要想快速看清事物的本质，你从年轻时就要不断学习，刻意培养自身研究底层逻辑、深度思考的能力。

第二，多交朋友，少树敌。多个朋友多条路，少个敌人少堵墙。很多人看这个不顺眼，看那个也不顺眼，最后变成"孤家寡人"，每条路都被自己堵死了。你千万不要被网络上的相关对立话题误导，而是应在现实生活中跟老板、客户、同事搞好关系。记住，成就他们就是成就自己，他们都是真正能帮助你的人。

第三，关注新事物，抓住时代机会。我在 2007 年入行做外贸，2009 年进军淘宝商城，2016 年房价大涨前买房，2017 年运营自媒体，2020 年进入短视频领域。我之所以能小有所成，是因为抓住了具有时代性的机会。

怎样发现具有时代性的机会？我告诉大家一个简单的方法：关注争议较大的新事物。比如，早期的淘宝，后来的拼多多、抖音、快手，它们都在发展初期"野蛮生长"，引发了广泛的争议，其中却蕴藏着许多机会。等平台成熟了，相关规则都完善了，普通人再想入局就难了。

贵人相助

我认识的白手起家、事业比较成功的人，都曾在某个阶段得到过贵人相助。你必须明白一点，贵人愿意帮助你并不是因为他们闲着没事做，而是因为你身上的闪光点打动了他们。在我看来，要想打动贵人，正直、谦虚和勤奋都是不可缺少的因素。

其实贵人很喜欢"聪明的老实人"。聪明表明能解决问题，老实则意味着可靠、不八卦，能给人安全感。

很多人会问，贵人在哪里呢？其实贵人可能近在眼前，或许你的老板就是你的贵人。

如果你遇到一个靠谱的老板，我建议你全力以赴地帮助老板取得成功，给老板留下一个好印象，因为雇用关系也是一种合作关系，正常的老板都是寻求合作的，你成就这样的老板就是在成就自己。

服务高净值客户

高净值客户的时间相当宝贵，他通常没有兴趣关注细枝末节。如果你能帮他节省时间，他很可能愿意为此买单。

高净值客户的社交面广，由于认识的人多，他没法记住每个人。如果你出现的频率高，让他对你印象深刻，那他有相关需求后可能第一个想到的就是你。

高净值客户通常情商高，懂得人情世故，你没必要刻意讨好他，平时可以与他保持君子之交，但必须让他对你有好感，这样他才愿意把机会给你。

运用个人财富增长四维法则

我基于自身经历总结出了个人财富增长四维法则，它能帮你实现财富的稳定增长。该法则涉及以下 4 个维度。

第一个维度是本行。普通人千万不能放弃自己的本行，除非实在干不下去。如今各行各业高手如云，普通人盲目转行很难成功。

第二个维度是互联网。普通人可以将本行与互联网结合，我就是一个例子——将本行（外贸）和互联网结合，那时候经常发微博的工厂老板恐怕只有我一个，我几乎没有竞争对手。类似地，用本行结合短视频、电商等，往往比跨行更有优势。

第三个维度是投资。在确保低杠杆的前提下，合理配置不动产和被动收入。尽量选择稳健保值的投资项目，避免风险投资。对于选择风险投资的人，我建议少量投资，投资金额不要超过自身总资产的10%。不要贪心，赢利后再投入，更不要拿出全部身家，否则大概率会血本无归。

第四个维度是圈子。40岁以后，拥有高质量的圈子是你实现财富增长的关键。那时，你几乎不可能事事亲力亲为，更多是靠资源整合来达成目标，而高质量的圈子正是促进资源整合的理想平台。拥有高质量圈子的前提是你有一定的资源，这种资源可以是你的事业，也可以是你的渠道或者人际关系，你可以利用它们赚钱。

"逆袭"

我认为普通人"逆袭"没有捷径，下面我结合自己和身边人的经验来说说比较实际的步骤。

第一，调整心态。如果你想"逆袭"，你必须付出更多的努力。不要指望天上掉馅饼，一夜暴富几乎是不可能的。也不要"躺平"，思想不能摇摆，目标必须坚定，否则你很难成功。

第二，入局。既然你想"逆袭"，那你就要想办法"链接"高净值人群。

第一个方法是给这样的人打工。你要学习他们的优点，抓住他们的需求，努力成为他们的左膀右臂，进入他们的核心圈子，获取他们的资源。

第二个方法是投其所好。你可以研究高净值人群的爱好，以此接近他们并进入他们的圈子，从中获取资源。

第三，积累技术和资源。你需要找准目标，慢慢积累相关技术和资源。这个过程可能比较长，但一定不要急于求成。我看到很多人顺利完成了前两步，却在第三步因为急躁导致功亏一篑。

度过低谷期

每个人或多或少都有低谷期，我的低谷期比许多人多一些——除了事业方面的，还有爱情方面的。起初，我的应对方法通常是旅行，看看大山和大海，感受自己的渺小，这样我的心态就会好很多。但是出于现实原因，我们不可能随时抽出时间旅行。所以要想度过低谷期，我们还是需要掌握一套系统的方法。

我认为要想度过低谷期，可以从以下两个方面着手。

1. 调整心态

第一步，接受负面情绪。我们要明白，处于低谷期时产生负面情绪是正常的。不要压抑自己的悲伤、焦虑等情绪，而应正视和接受它们。比如，可以找个安静的地方，认真感受这些情绪，分析它们产生的原因。

第二步，试着转变思维方式，把度过低谷期当作成长的机会。例如，每天早上起床后对着镜子微笑，告诉自己"今天会是更好的一天"。我遇到坏事时常往好处想，苦中作乐，自我安慰。我的经历也表明，从积极的角度看待低谷期，往往会有所收获。

我以前长时间待在厂里，经常自己顶班。有一段时间，公司资金链断裂，工厂的股东几乎都退出了，因为看不到希望。但我不能退出，当年为了支持我开厂，我妈把房子都卖了。而且在山沟里生活太苦了，由于买不到新鲜的肉，我只能囤许多土豆、白菜天天吃。然而，我确实可以做到苦中作乐，把困难浪漫化。比如，工厂后面有小湖和小溪，我可以早上放网、晚上收网，抓些小鱼来吃。又比如，晚上看到满天繁星时，我会觉得很幸福，因为我在城市里几乎看不到星星。

我就是用这样乐观的心态度过了低谷期，最后终于抓住机会实现了"逆袭"。

第三步，改变生活习惯。良好的睡眠、饮食和运动习惯有助于改善情绪。要保证每天有足够的睡眠时间，合理饮食，多吃蔬菜、水果等有营养的食物，并且进行适量的运动，比如每周进行 3 次慢跑，每次跑 30 分钟左右。

此外，收拾收拾房间和办公室，清扫一下生活和工作空间，让环境变得整洁有序。这能给人带来一种掌控感和舒适感，对改善情绪很有帮助。

第四步，寻求社交支持。你可以向信任的人倾诉自己的苦恼，他们能从不同角度给你提供建议和安慰，比如家人可能会分享自己的类似经历，告诉你他们是如何从困境中走出来的。

你也可以参加社交活动，如参加一些兴趣小组或者志愿者活动，扩大社交圈子，结识新的朋友。在新的社交关系中，你可能会获得新的启发和机会。这里要补充一点，很多人以为我擅长社交，但我本来是"社恐"，只是因为我从事销售工作，跟太多人打过交道，社交带来的不适感逐渐淡化了。我要说的是，哪怕你是"社恐"，也可以适当社交，这对你是有好处的。特别是遇到聊得来的人时，与对方交往不仅可以让你的身心得到放松，也可以让你获得更多有价值的信息和机会。

2. 自我提升

（1）学习新技能。你可以利用低谷期提升自己，学习新的知识或者技能。比如，学习一门新的语言或者一种新的软件操作方法，这会让你更有自信，也能为你未来的发展奠定基础。

（2）设定小目标。你可以给自己设定一些小目标，比如每周读完一本书，或者 3 天内学会做一道菜。这些小目标很容易实现，能让你轻松获得成就感。

不必太焦虑

现在的我们明明拥有比以前好太多的物质条件，为什么还是会焦虑呢？我认为这是环境导致的，大家看完下面这个故事，或许就能理解了。

我的开厂创业之路始于杭州远郊的一个小山沟，那里很偏僻，但是房租低。

小山沟附近有一个小镇，叫长乐镇，镇上的居民可能不到 1 万人，各种业态倒是齐全，小商店、小超市、小饭店之间也没什么竞争。在这个小镇上，长乐饭店的菜烧得特别好吃，特色菜叫河蚌煲。这道菜选用个头比较小的河蚌，蚌肉被切成细丝，配上韭菜、鲜虾和奶白色的汤，奇鲜无比。我敢说全世界最好吃的河蚌煲就在这家饭店。

开厂 4 年后，为了交通更方便，我和员工搬离了老厂，换了大厂房。之后，工厂的业务很快便蒸蒸日上。

又过了 5 年，为了寻找回忆，我带着老员工回到了老厂。转了一圈后，我们发现自从我们走后，厂房一直空着，没什么看头。于是我们又去了长乐镇，没想到它竟然降级，改名长乐村了。

我环顾四周，发现这里竟然一点变化都没有。杭州其他地方都发生了翻天覆地的变化，而这里还是老样子，因为发展得很慢，所以降级了。

但是这里的居民令我震撼不已，他们的幸福感并没有因为居住地降级而削弱，他们的脸上没有那种为赚碎银几两而产生的慌张，大家都在慢悠悠地过日子。我们去长乐饭店重温河蚌煲时，老板娘满面春风地和我们打招呼。5 年不见，大家还是像老熟人一样。

在这个宁静的村子里，每家每户都差不多，大家没那么多欲望，小日子过得简简单单。

回到城里后，我就怎么都淡定不下来了。在工作方面一会儿这个同行推出活动了，一会儿那个同行出爆款了，加上生意参谋、赛马机制的存在，我每天都跟在打仗似的。除此之外，我还要参加各种社交活动，见许多供应商客户。朋友圈里，充斥着各种亲戚朋友晒自己新买的车、房。我想"刷"短视频放松一下，结果发现到处是"成功人士"，感觉自己是最失败的。

我是在 2022 年发生心态变化的，因为家人生病，我在医院待了好几个月，看到许多痛苦的病人，还有人与人之间的生离死别，这让我学会知足，心态好了很多。

开窍

近年来我认识了一个新名词——精神内耗。很多人都会精神内耗，我以前也会，但开窍以后情况就好多了。

很多时候，我们觉得痛苦、压力大，是因为没开窍。当生活被琐事困扰，或者事业陷入瓶颈期时，我们如果能打破思维的枷锁，就是开窍了。

下面说说我在工作中有过的几次开窍经历。

1.埋头苦干没错，但是如果只会埋头苦干，收入往往是有限的。我做外贸初期天天写几十封邮件，一连写了几年，收入变化也不大。真正让我的收入大幅变化的是学习、沟通和整合资源。通过学习和沟通，我能知道顾客真正需要什么，从而开发出满足他们需求的产品；通过整合资源，我能把优势最大化。

2.学会放权。以前我总是喜欢亲力亲为，这导致我在工作中很累。后来我在一夜之间想通了，于是果断选择放权。

3.让专业的人做专业的事，把自己不擅长的业务外包。想通了这件事我就把工厂托管给副总了。

4.财聚人散，财散人聚。老板要舍得分钱，用分钱的思维替代发工资的思维，用合作的思维替代雇佣的思维。这样公司不但有活力，还能自动运转。

5.对于初创公司来说，与其贪多求全，不如专注于一个领域。我通过在产品方面做减法，在营销方面做加法，迎来了第一次爆发式发展。

6. 什么都藏着掖着，不肯分享，会让人退步；愿意分享的人会持续进步。我通过分享获得了源源不断的反馈，这使我的各种信息、观点得以时常更新。

7. 要"出圈"。我之前长期待在外贸圈、电商圈以及产品圈，思维固化，闭门造车。后来，我不断和别的圈子里的人接触，经历思维碰撞，给自己的主业注入了新的活力。

开窍的前提是在多实战的基础上多与高水平的人交流，多阅读、多思考。我一般是在独处、看书时，或者经过别人点拨以后豁然开朗的。我现在建立了自己的生意人圈子，"圈友"天天请教我，同时也把自己的观点、经验分享给我，他们也是我的老师。

合理利用杠杆

人生中有许多重要的杠杆，合理利用它们将使我们获益良多。下面我介绍几种重要的杠杆。

第一种是平台杠杆。利用大厂的平台，不仅可以积累资历，还可以撬动许多资源。许多成功的创新型企业，甚至独角兽企业的创始人都是从大厂出来的。商家在红利期进入平台，也是利用了平台杠杆，因此比较容易赢利。

第二种是合伙人杠杆。我以前反对合伙，认为这样做容易引发利益冲突。我当时的格局太小了，因为现在正是合伙人帮我撑起了半边天。优质的合伙人可以把你的优势放大，而不仅仅是帮你解决资金问题。这里需要强调一点，一定要选与你互补的合伙人。

第三种是时间杠杆。经常有人问我如何管理时间，我认为比起管理时间，更重要的是删减杂事，从而省出时间。一个外国博主跟我持相同的观点。他从不开车，认为开车、停车太麻烦了，不如选择打车，他经常在车上写推特文案。在相同时间内，只要请人做事的成本低于他工作的收益，他就会将事情外包。我觉得这也可以算一种时间杠杆，能让他腾出时间去获取更大的收益。

第四种是口碑杠杆。坚持做利他的事情，为别人提供价值，建立良好的口碑，久而久之，就会获得回报。千万不要为了眼前的利益去"割韭菜"。每年中秋节期间都有网友催我卖大闸蟹，说实话，这个时期有关大闸蟹的话题流量大，我当然想赚钱，但我不能卖，因为这个时候大闸蟹往往还没成熟。

第五种是语言杠杆。虽然现在有翻译软件，但是外语学习依然非常重要。举个例子，"杠杆"在中文里是名词，但是"杠杆"的英文"lever"既是动词又是名词，使用场景其实有很多，这也启发了我在多个场景中思考杠杆的价值。由此可见，学习外语可以增加思考的深度。此外，学习外语可以增加你获取更多信息的机会，让你获得更大的收益。举个例子，我以前经常访问一个国外网站——全球知名鞋类网站 Zappos，以了解最新的款式和流行趋势，该网站对我早期创业帮助巨大。学习英语，大大方便了我对网站信息进行理解和消化。

05 工作以后更要重视学习

持续学习，是成年人最靠谱的升值方式

学习和工作的关系

我工作多年，遇到过无数人。我发现取得巨大成就的人不一定是学历最高的，但一定是坚持学习的。比如，我公司之前的销售冠军小玲、电商带货冠军君君，目前的销售冠军小丁，他们的共同点就是下班后坚持学习。

在工作中，拥有高智商的人以及能和工作"谈恋爱"的人仅占少数，大多数人要想获得成功，就要不断学习。

学习的内容必须和自己的工作高度相关，能切实帮助自己提高工作效率。比如，我以前做外贸时除了需要学习英语，还需要学习大量产品知识，这样才能在销售过程中表现得足够专业，让国外客户信服。

学习时当然也可以跨界，但是必须选择与工作相关的"界"。有人说跨界是不专注于主业的体现，事实上，和主业相

关的跨界技能具有重要作用。看完下面的内容，你就明白这一点了。

　　假如你是程序员，且有商业头脑，那你相比其他程序员就有明显的优势。我认识一个人，他曾是一名优秀的程序员，后来自己当了老板，原因就是他懂营销。

　　我公司目前最厉害的运营人员是美工出身，他因为和运营总监闹矛盾，赌气提出转到运营岗，现在月收入有 3 万多。他既懂视觉设计，又学会了营销和数据分析，为公司节省了许多运营人员和美工之间的沟通成本。

　　在学术界，研究交叉学科容易出成绩。比如，诺贝尔奖获得者中有许多都是研究交叉学科的专家。

　　此外，很多自媒体人将自己的主业和自媒体运营结合，成功地变身"网红"。

掌握方法很重要

　　我发现很多人学习的时候喜欢记笔记。比如，我以前教运营技巧的时候，有的人会很认真地记笔记，将点击率、转化率、ROI 等相关知识记下来；但是有的人从来不记笔记，他们喜欢思考原理，举一反三，甚至挑我的毛病。其实我很多时候使用参数只是在举例，并未考虑那些参数是否足够严谨，而且不同行业适用的参数是不一样的。

再比如，很多人学剪辑时喜欢记下具体参数，如光感、饱和度、对比度；而有的人根本不记具体参数，只学方法。

在前期，通常是喜欢记录的人更容易出结果，但是到了后期，往往是研究方法的人走得更远。不知道你有没有发现，许多新事物刚出现时，这两种人都是从零出发，后者能在几天内开发出一门相关课程并将其卖给前者，赚得盆满钵满，而前者只会买课程，从来没想过开发和卖课程。

总之，掌握方法很重要，有助于你在职场上脱颖而出。

一万小时定律

"风口"和捷径往往只属于有准备的人，普通人要想在一个领域脱颖而出，最好遵循一万小时定律。

很多人说我能做成很多事是因为精力旺盛，但我认为不是这样。从脑科学的角度去解释，做成某些事不靠精力，也不靠逻辑思维和方法论。比如学英语，尝试很多老师给出的这个方法、那个妙招，其实都不如在英语环境中"浸泡"。我做外贸时就处于这样的环境，每天必须用英语写邮件、打电话，每年至少要写 6 万封邮件，与 300 多个国外客户沟通。久而久之，我说英语时几乎不需要思考，仿佛已经形成了肌肉记忆。

此外，要想获得拍摄、剪辑、直播等能力，也需要遵循一万小时定律，前期学基本功，后期反复操作，关键在于坚持。比如，每天花一小时拍 3 条视频，一年就能拍 1000 多条视频，这样就很容易使量变转化为质变。

不过，企业管理、营销策略制定、商业竞争等十分依赖逻辑思维和方法论，我们需要具体问题具体分析，不能形成路径依赖。

高效工作

我花在工作上的时间并不算多，即使满打满算，每天也就 8 小时。在这种情况下，我的工作效率却是普通人的两倍。这令很多人不解，有的人甚至质疑我是靠团队运营自媒体的。那么在这里，我就来"扒一扒"自己，告诉大家我是怎么做到高效工作的。

首先，分工。自己只做核心工作，将杂事外包。我会为自己的时间估值，比如假定自己的一小时价值 1000 元，然后把那些不值得花自己很长时间做的工作外包。但要注意，像自媒体写作这种无法外包的工作，我建议还是自己做。

其次，制订计划。明确每天要完成什么事，每周或每个月要完成什么事，制作表格并打印出来，每完成一件事，就在表格中的相应位置打钩。这是我从做外贸开始就养成的好习惯，我强烈建议大家试试。

然后，分主次。重要的事先做，不重要的事后做。

接着，追求熟能生巧。因为写过 1 万多条微博，我掌握了许多写微博的技巧，让我放开来写，我一天可以写100条微博。

最后，减少无效社交。 以前在线下做生意时，我大多数时间都在社交，其中很多社交其实是无效的，浪费了我的时间和精力。现在我减少了许多线下社交，许多沟通在线上就能高效完成。

06 提高工作效率的方法

用好工具和素材，让工作事半功倍

工具篇

目前，各种 AI 工具获得了广泛应用。在我自己经常用的 AI 工具中，比较容易上手的有 ChatGPT、豆包、DeepSeek，我经常把它们当成搜索引擎来用，而且我觉得它们比传统搜索引擎好用多了。

在制图方面，我推荐 Midjourney 以及即梦 AI。这两款 AI 工具操作简单，新手也能快速上手。

在视频生成方面，我认为目前比较好用的 AI 工具是快手的可灵 AI 和即梦 AI。

在设计方面，我推荐 DALL·E 2，它是 OpenAI 开发的一款功能强大的文本生成图像工具，可以基于文本描述生成高质量的图像。

此外，Adobe Firefly、Photoshop AI 也非常实用，能帮助

设计师极大地提高工作效率。

但 AI 工具不是万能的，下面我介绍一些自己频繁使用的其他工具。

1.醒图。之前有网友在评论区向我推荐醒图，我试用后发现它在修图、美颜、海报设计方面功能强大。同类型的工具还有美图秀秀，它也很好用。

2.PicsArt 美易和 Snapseed。这两个 App 具备 Photoshop 的常用功能，可以帮助不会使用 Photoshop 的小白卖家、自媒体人制作一些简单的商业图片。

3.剪映。其实日常生活中的大多数视频剪辑工作都可以用剪映完成，它是目前最好用的视频剪辑 App 之一。剪映把海量的音乐素材、图片素材、视频素材及各类模板整合到一起，用户调用素材及模板都非常方便。

4.Logo Maker。这是国外的一款工具，可以帮你设计简单的 Logo。国内与之相似的工具有标小智，它支持一键进行 Logo 设计。

素材篇

1.图片素材

要想从网上免费获取大量高清图片，我推荐访问 Pixabay。建议在搜索图片时使用英文关键词——需要注意的是，使用中文关键词得到的搜索结果较少。英文不好的朋友可以先用翻译软件把中文关键词翻译成英文。

要想获取 PNG 矢量图，可以访问千库网。

如果愿意付费，可以考虑 pexels、昵图网、视觉中国、壹图网等，它们提供的图片都可以商用，但是比较贵。

2. 模板

要想找模板，可以选择稿定设计、Canva 可画、创可贴。

爱给网也有一些模板，涵盖海报、简历、产品详情页等方面。此外，90 设计网有许多适用于电商领域的模板。

3. 视频素材

Videvo，包含美食、动植物、商业、人物等多个种类的视频素材。

Coverr，免费提供大量高清视频素材。

Mazwai，提供专业视频素材，且视频素材的电影感较强。

新片场，拥有大量高清视频素材，但大多数视频素材需付费购买。

4. 音乐素材

如果追求简便，可以从抖音音乐排行榜寻找音乐素材，收藏音乐素材后可在剪映中调用，不会侵权。

如果追求专业，可以选择爱给网。该网站有海量音乐素材，而且会提示音乐素材是否可商用等。

说到音乐素材，我有一个好习惯，那就是听到好听的音乐就会顺手收藏，需要的时候直接调用。有的朋友创作视频时，为了寻找合适的音乐要花一两个小时，效率太低了。

5. 行业工作资料

我自己有一个工作资料库，其中包括产品资料库。一些做外贸做得好的生意人，都会在平时收集产品资料。比如，针对鞋子，我会收集各工厂的产品款式照片和楦头参数，很多工厂没有整理楦头参数，我就跑去厂里测量，最后制作出中文版和英文版两份表格。如果客户需要，我会马上发送相应表格。

开淘宝店的时候，我用硬盘存了上万张各类目中点击率最高的直通车图片。这些图片都是我从各个讲师那里复制来的，我在设计产品主图的时候会利用它们寻找灵感。

07 如何处理人际关系
用理解与信任，铸就长久合作

如何处理职场关系

我认为处理职场关系的核心是使其保持"丝滑"。我曾经也是愣头青，撞得"头破血流"后才逐渐明白这一点。下面我把自己处理职场关系的方法分享给大家，供大家参考。

首先，保持大方。大方不是指随便让人占便宜，而是指不计较、大气，比如和别人有小的利益冲突时，认为退一步也无妨。特别是在职场中，大方会帮你同时赢得老板和同事的尊重。

然后，多表达善意。我打工的时候，一开始也是磕磕碰碰，去车间验货时由于太耿直，车间师傅不愿意配合我，后来别人告诉我可以通过给他们递烟来改善关系，我试了之后，发现这个方法确实有用。我自己不抽烟，但是从那以后我的包里常备着烟。此外，遇到在工作上有交集的人，我偶尔会请对方吃顿饭，聊聊共同话题，我们的关系自然就近了。

关于交友

关于交友，我认为要慎重，具体可以注意以下几个方面。

要避免结交狐朋狗友，远离那些好吃懒做、行为不端的人，他们很有可能把你拖下水。

一定要多与优秀的人交朋友。优秀的人往往做事积极、能力突出、拥有交叉技能且情商高，他们能带给你正能量。

此外，还要多和高水平的人社交。不要讨好他们，而应力所能及地帮助他们，给他们留下好印象。比如，顺路帮他们跑个腿等。总之，多在他们面前"刷"存在感就对了。

打工人要想更好地发展，还要和自己所在行业的"万事通"搞好关系。比如，你是和工厂打交道的，就要和业务员、车间师傅，特别是经常跑工厂的 QC 交朋友。这些人掌握大量信息，很多时候都能帮到你。而且与他们社交的成本也不高，你只需要给他们递递烟，和他们喝点小酒，加他们的微信，日后他们说不定就能给你帮大忙。

在交友的过程中，要多站在对方的角度思考问题，注重说话的艺术。很多人说话会得罪人，就是因为从一开始就否定别人，导致别人不愿意继续听下去。你要先肯定别人的观点，然后委婉地提出建议，这样别人才听得进去。

如何建立良好的生意关系

我认为，要想与他人建立良好的生意关系，应注意以下几点。

1. 尊重他人，千万不要当势利眼。我有个跨境电商领域的客户，以前他来我公司的时候总是背着书包，像个学生，后来成了亚马逊上的大卖家。他说他一开始背着书包跑工厂时，被 A 工厂的业务员看不起，于是他转身找了其竞争对手 B 工厂，并与 B 工厂开展了合作。随着他的业务规模越来越大，B 工厂靠着做跨境电商也发达了。而 A 工厂因为对待客户一直比较傲慢，大客户逐渐流失，现在已经发展不下去了。

2. 对于有合作关系的人，不要斤斤计较。你初出茅庐时是"小弟"，如果遇到"大哥"提携，应多让一分利给"大哥"，给"大哥"留下好印象。这样一来，如果下次有好项目，"大哥"就会想到你。

3. 要具备利他思维。利他不是指在价格上让步或者讨好客户，而是指帮助客户解决一些小问题，满足他们的小需求。比如，我早期做外贸的时候，接触的大多是小客户。他们在制作 Logo、标签、宣传册等方面都很不专业，我会给他们提建议，帮助他们优化相关内容，还会把自己拍摄的高清图片给他们免费使用。不仅如此，我在空闲时还会帮他们优化网站。此外，在货无法装满整柜，他们需要拼一些别的货时，我会帮他们采购，解决他们的难题。

这种生意场上的利他思维让我服务周到，许多客户都越来越离不开我。而在外贸领域，客户一旦稳定，合作关系就能维持很多年。我年轻时积累的客户中，至今还有不少仍在与我合作。所以我现在即使什么也不干，我的外贸公司也能维持运营。

你可能觉得利他会导致利润减少。事实上，中小客户在你服务到位的情况下，完全允许你适当提价。如果你嫌服务客户麻烦，还可以将相关业务外包。

要想知道一个老板靠不靠谱，可以看他和那些离职员工的关系怎么样，以及那些离职员工是怎么评价他的。

优质的老板在与你"分手"后还会将你当朋友，在你有困难时甚至会主动帮你。这种老板对于"白眼狼"也不会耿耿于怀，更不会逢人就说他有多坏。其实这种老板是聪明人，懂得"做人留一线，日后好相见"的道理。

4. 化敌为友。化敌为友虽然比较难，但是你只要能做到，就有利于你的发展。

我的好兄弟陈豪是温州的鞋厂老板，我跟他可以说是不打不相识。由于温州的生产成本低，和他成为朋友后，我就逐渐把厂里的很多订单都转移给他。在我自己的鞋厂关闭以后，我无法继续采用小工厂大贸易模式，外贸订单严重减少。那时，很多供应商对我的态度迅速转变，只有陈豪对我一如既往，还给我提供很长的账期来支持我，帮我渡过了难关。

对待年轻人不能太"爹味"

"爹味"是一个网络用语，通常用来形容一些人好为人师、自以为是，喜欢以长辈或者过来人的姿态对他人进行说教。在我看来，"爹味"有许多弊端，具体体现在以下几个方面。

首先，会引起他人的反感。有"爹味"的人喜欢进行说教式的表达，常常给人一种居高临下的感觉，让人觉得自己不被尊重，从而破坏良好的人际关系。

其次，会阻碍有效的沟通。有"爹味"的人往往注重输出自己的观点，而不是平等地与对方交流想法，这可能导致对方不愿意表达真实的想法，使沟通无法深入进行。

然后，可能压抑他人的个性。有"爹味"的人总是用指导式、命令式的方式与他人交流，会让他人难以自由地表达观点和想法，长此以往，可能压抑他人的个性。

最后，可能导致决策错误。有"爹味"的人有时会过度相信自己的判断，听不进去别人的意见，在一些需要集思广益的情况下，容易因为刚愎自用而做出错误的决策。

我现在专注于生鲜电商，经常要和一些传统的大型水产企业打交道。一些企业的老板上了年纪，总喜欢给我"上课"，教我该怎么做，有时甚至能说上几个小时。其实他们的很多想法我都不太认同，毕竟做生鲜电商和做传统生意不一样，不能完全依靠以前的经验。但我毕竟是 40 多岁的中年人，会耐住性子听他们发表长篇大论，但同时也会思考：我在对待年轻人的时候，是不是也太"爹味"了？

记得有一次，我们公司的小红书运营组在为推进三文鱼项目策划笔记。在看到组员将高等级的冰鲜三文鱼用于制作熟食、蛋卷甚至泡茶、泡奶时，我觉得那简直是一种浪费，这种三文鱼必须制成刺身呀！于是我准备去干涉他们，但想了一下又忍住了：这样做太"爹味"了，他们可能会排斥我，我不妨放手让他们自由发挥。后来，相关笔记的数据表现都不错。

学会讲故事

我有一个用于"链接"资源的生意社群，群里面有许多老板。我通过从旁观者的角度观察他们，发现会讲故事的人容易获得更多资源。

这里的"讲故事"不是指忽悠，而是指把自己的个人经历以故事的形式真诚地讲出来。

根据我的观察，老板们在进群时会用不同的方式介绍自己。

大多数老板会说：我是 ×× 工厂的 ××，需要大量客户。这样说很正常，但是我只能给这样的表达打 6 分，因为客户类型众多，这种泛泛的表达无法吸引精准客户。

　　厉害一点的老板会说：我是 ×× 工厂的 ××，主要生产 ×× 产品，目前的合作品牌有 ××。这种表达能触达更多精准的客户，可以得 7 分。

　　最厉害的老板会讲故事，能把自己的创业经历，特别是失败的辛酸真诚地讲出来，引起大家的共鸣。通过讲故事，他们不但能"链接"到精准的渠道，还能获得大家的认可和信任。

　　当然，也会有人利用别人的同情心来编故事骗人，大家需要仔细甄别。

08 创业之路上的"坑"

跌倒过的人，更能看清来时的路

作为创业者，要想不"踩坑"是不可能的。我一路踩过无数"坑"，之所以能发展到现在，是因为我每次"踩坑"后都会复盘，从中吸取教训。接下来，我把自己创业之路上的"坑"分享给大家，希望大家可以少走弯路。

外贸领域

我认为做外贸要注意以下几个要点。

第一，注意鉴别客户。从客户所属的地区看，我认为欧洲客户最优质，北美洲客户也比较靠谱；从客户类型看，大品牌、大公司比较靠谱，尤其是那些注重验厂标准、环保、人权的公司，做事比较正规。

这里要注意两点。一是和沃尔玛、塔吉特、百安居等取得合作较为困难，如果有人说能帮你搞定合作的事，你一定要留个心眼。二是专注于服饰百货的大品牌一般通过买手或供应链公司采购，你可以尝试与之合作，但要留心部分忽悠人的买手或供应链公司。

第二，防止邮箱被黑。 我的公司就曾因邮箱被黑损失惨重。黑客可能冒充客户跟你交易，篡改你公司的邮箱账号。建议用正规服务器，并告知客户你不会轻易更换邮箱账号。

第三，注意付款方式。 对于新客户，尽量收定金，款到放单；对于正规大客户，一般选择信用证支付，这对双方都有保障。

此外，对于交易金额较大的客户，可以向中国信保投保，通过中国信保调查一下客户的信誉情况。

第四，留意空运的风险。 有的客户会利用空运骗货，因为空运和海运不一样，客户不用提单就可以提货。所以在空运之前，一定要收齐全款。

第五，谨防被骗样品。 如果有人称要给你下大订单，让你将样品寄给他，你就要保持警惕。样品不贵的话，你可以免费提供，但是物流费应由对方出。正规企业都有国际快递账号，你应先让对方把国际快递账号发给你，确认无误后再寄件。

第六，谨记和工厂打交道的注意事项。

新手在和工厂打交道时一定要注意以下事项。

（1）把控品质。很多工厂的样品还可以，大货却一塌糊涂。对于刚合作的工厂，必须派人到生产现场把控品质。

（2）规定货期。我做外贸 10 多年，发现能按时交货的工厂只占少数，晚一周交货属于"正常"现象，晚一个月交货也是家常便饭。如果产品因未按时交付错过销售旺季，国外客户就不会要了。

（3）**注意售后服务。**很多工厂老板在合作初期十分热情，出了问题就翻脸不认人。

（4）**谨防被抢客户。**我就遇到过带客户去工厂，工厂老板偷偷给客户递名片的情况。

（5）**警惕被抄袭。**对于自己原创设计的款式，我就经历过这样的事，当时我向工厂老板千叮咛万嘱咐，让他不要泄露设计方案，最后设计方案还是到了竞争对手手里。我去质问他，他却装出无辜的样子，称自己什么也不知道。

（6）**警惕其他不正当行为。**曾经有一次，我让工厂生产一款产品，这款产品在淘宝上成为爆款后，工厂老板就自己开淘宝店售卖这款产品，还停止了向我供货。这件事给我带来了很大的损失。

电商领域

下面我给大家讲一下做电商时常见的几种"坑"。

第一，代运营的"坑"。我还是小白的时候，因被代运营公司欺骗，损失惨重，最后不得已自学了与店铺运营相关的知识。

　　第二，职业敲诈者的"坑"。职业敲诈者主要分为 3 类：第一类会引诱客服说错话，再将聊天记录截图作为证据，向店铺索赔；第二类会专门抓住店铺中的一些细微的不规范之处向平台或有关部门投诉，迫使店铺选择私了或者接受处罚；第三类则以给差评为威胁手段向店铺索要钱财，这属于刑事犯罪，一般针对的是新店。

　　第三，"网红"带货的"坑"。之前淘宝直播推出了 V 任务，但排名前 10 的主播中除了头部主播，还时不时会出现生面孔。我之前花重金参与了 V 任务，让自己的产品上过一次直播，结果只卖出了 12 双鞋。

　　第四，盗图"坑"。我从来不用别人的图，所用的图都是自己拍的。有一次我发现竞争对手用了我的图的局部，就向平台投诉，最终他的相关产品链接都被删除了。

　　在踩了这些"坑"之后，我以为自己已经积累了足够丰富的经验，在做电商时能够游刃有余了，但后来的事实证明我的想法是错的。鞋厂关闭后，我失去生产优势，加上要在上海照顾我爸，我把 7 家鞋类天猫旗舰店相继关闭了。随着我爸病情好转，休整一年后，我又重新开始做电商。这一次我选择做生鲜电商，没想到其中的"坑"更多。

　　第一，选品"坑"。要尽量避开大品类，因为大品类量大、复购率高，是大品牌的"必争之地"，而小品牌通常难以与大品牌竞争。

第二，品质"坑"。一些小商家为了牟利，会通过加冰块、使用保水剂等来达到为产品增重的目的。

第三，小厂"坑"。我找过一些小厂，但发现小厂会存在很多不可控因素。所以我几乎只找大厂合作，大厂非常正规，虽然报价高，但是品控非常严格。

第四，物流"坑"。我曾被一家不靠谱的物流公司给"坑"了，为了降低成本，他们在大热天混合采用冷链和非冷链运输，这导致售后问题飙升，我因此赔了很多钱。

自媒体领域

内容方面

第一，侵权。使用未经授权的图片、音乐、视频素材等，很容易引发版权纠纷。比如，随意从影视剧中截取片段用于自己的视频创作，若没有版权方的许可，就会造成侵权。

第二，内容同质化。尽量不要跟风创作热门内容，而缺乏自己的创意和风格。比如，许多创作者围绕相同的菜品创作简单的制作教学视频，这种视频没有独特的创意，很难吸引用户长期关注账号。

平台规则方面

第一，不熟悉算法。每个自媒体平台都有自己的算法，如果创作者不了解算法，即使其内容再优质，也可能无法获得足够的曝光度。例如，有的平台主要依据用户的停留时长和互动量来推荐内容，如果创作者不清楚这一点，就不能有针对性地优化内容。

第二，做出违规行为。创作者发布含有敏感信息、虚假信息、恶意营销信息等的内容，就会违反平台规定，可能导致账号被封禁。

运营和心态方面

第一，过度追求流量。创作者过度追求流量，可能导致内容质量下降、用户体验受损、账号信誉受损等。

第二，缺乏毅力和耐心。自媒体账号成长通常需要时间，如果创作者因为短期内看不到成效就放弃，很难取得理想成绩。比如，有的创作者在发布了十几条视频后因为没涨粉就停更，其实他们再坚持一段时间可能就会有起色。

我曾收到一些留言，这些留言的内容很沉重，每一条都诉说着小老板遇到的种种困难：负债，囤了很多货但卖不掉，被人骗了几十万元，开了店但没顾客，被合伙人背叛，爆款被抄袭，……

其实我也遇到过很多困难，也崩溃过。但是事后回想起来，我觉得这些都是创业之路上再正常不过的事情。所以我并不是生来就有好心态，只是在经历了多次磨炼后变得平和了。

我的微博粉丝中有大约 1/3 的人是小老板和创业者。我总是劝小白不要轻易创业，这主要是因为我在接触了太多相关负面案例之后，发现大多数小白都输不起。

大多数小白都认为从一开始做生意就能赚钱，其实这是很难的。《繁花》里的爷叔说得好：做生意，先学会输，再学会赢。所以亏钱后千万不要太自责，因为你其实赚到了经验，经验有时比钱更宝贵。

你可能会觉得"70 后""80 后"遇到了好时代，拥有很多创业机遇。其实和现在相比，那会儿也是一样的，错把红利当实力的人很多，先赢后输的人更多。

在创业之路上，我自己也是不断犯错、不断总结。我卖鞋子的时候犯了许多错，比如低估被同行抄袭的风险，低估平台变化的风险，过度囤货，等等。我还经历了核心员工离职、职业敲诈、工厂搬迁等，基本上把各种"坑"都踩遍了。

对于创业，我有以下体会。

第一，别怕"踩坑"，不要盯着少数顺风顺水的人。顺风顺水或许是他们的表象，他们可能只是运气好，抓住了"风口"。

第二，打工有助于创业。你在打工时，可以从老板的角度看待工作，用老板的平台给自己交学费，何乐而不为呢？当你有创业的实力以后，你可以成为老板的合伙人，这能让你更轻松地发展。

第三，小步试水，及时撤退。不要轻易选择与大佬竞争，要选择适合自己的赛道。

第四，心态要好，这是最重要的。平时要多注意放松，比如看看喜欢的书和电影，千万不要陷入事务的海洋。

创业不过是人生路上的风景，不论成败，愿你都能享受其中的过程。

后记

我现在常常有种"重生"的感觉:"上一世"卖鞋子,被采用低价策略的模仿者围攻,最后迎来关闭鞋厂的结局;"这一世"卖生鲜,也被类似的竞争对手围攻,但是得益于"上一世"积累的经验,总算扛住了。我认为,对于吃到嘴里的东西,消费者不会只追求低价。

卖鞋子的时候,我主要接外贸订单,平时要接受各种针对产品的物理、化学检测,频繁经历验厂,以及跟 SGS(瑞士通用公证行)、Intertek 等国际检测机构打交道。在这样的情况下,我根本做不到以低价参与竞争。后来我做电商时也是按照出口的标准制作产品的。刚做电商的前几年,我发展得还行,在红利期,平台给了我大量扶持。那时我应该见好就收的,但是我错把红利当实力,还狂妄自大、盲目扩张,开了十几家店铺,准备了 70 多万双鞋子作为库存。

正当我风光无限的时候,情况突然不对劲了。部分内销工厂完全不按常理出牌,不顾产品增塑剂、重金属超标,不顾产品性能和消费者的健康,盲目追求低价。一些竞争对手抄袭我的原创童鞋,价格是我的一半,这让我饱受价格战的困扰,后来，随着我的鞋厂关闭，我最大的依仗也没了。再后来由于长期在上海给我爸治病，我对杭州的团队疏于管理，导致乌龙事件发生。

当时我爸因为术后并发症抢救了一个多月，加上术后病情反复，于是我在上海陪护了他半年左右。有一段时间，我天天蹲在ICU（重症监护病房）门口，心乱如麻。而在杭州这边，运营主管误解了我的意思，把团队给解散了。

我当时有10余家店铺，为了缩小经营规模，我让运营主管关掉业绩差的，继续经营有销量的，同时解聘一部分人员，并给予他们补偿金。但是运营主管误解了我的话，对大家说我要解散团队，于是大家都纷纷离职了。事实上，我的仓库里还有价值数百万元的库存，每天还有几万元的流水，可是大家都走了，一切都完了！

无奈之下，我只好把辛苦经营了10多年的店铺关闭了大部分。至于外贸这边，我也将公司的规模压缩到只有十几人。随着我的外贸和电商事业陷入低谷，以前追捧我的许多老板，以及在生死存亡之际接到我的大量订单的一些老板，也对我爱搭不理了。幸好我提前布局了自媒体，在这方面有一定收入，才让公司活了下来，而且慢慢把库存清掉了。

"重生"后我跳出了"鞋圈"，接触到了更大的世界。我吸取以前的教训，在美食赛道"猥琐发育"，总算慢慢使不花心品牌发展壮大。不花心其实是我从合伙人手里买的品牌，他在起步阶段由于不可抗力放弃了不花心。我本身就有"品牌梦"，觉得放弃一个品牌很可惜，加上不花心这个名字很好记，所以我花了不少钱买下这个品牌，邀请多年的战友林子一起经营。

林子家在食品行业做了几十年，林子深受家人的影响，拥有一定的行业经验，而且在行事上比我稳重很多。接手不花心后的一年多时间里，面对"低价军团"的狂轰滥炸，我们竟然守住了。

在经营不花心的过程中，我们要求产品在各项检测中达标，确保每个批次的产品都有检测报告，或者选择与国内头部工厂合作，特别是山姆的供应商，他们的品控比较严格。但是正因如此，我们的成本就高很多，很多产品的利润都比同类产品的薄，不花心能生存下来实属不易。

到了 2024 年年中，我们迎来了贵人——上市公司海欣食品的董事长滕总。滕总向不花心投资，高度认同我们的经营理念，并在供应链方面给了我们非常大的支持，从此不花心开始走上正轨。

其实在食品行业，真正的好产品往往不需要乱七八糟的添加剂。虽然合理使用部分添加剂是合法的，但为了降低成本，一些商家乱加添加剂，这严重影响了产品品质。此外，包冰、泡发等手段也使看上去差不多的产品在成本上能相差几倍，比如虾仁，大家比过就知道了。所以我基本只与头部企业、出口企业合作，但要做到这一点难度非常大，幸好有林子和滕总这样的贵人帮我。

　　说真的，"这一世"比"上一世"更"卷"，价格战更普遍，平台间的竞争也更激烈。不花心好不容易生存下来，各大平台又推出低价机制和比价系统，每天给顾客推送低价产品诱惑他们。没办法，平台也需要通过低价产品吸引顾客。在这种形势下，我能一路走到现在，关键在于我选择避开大众市场，专注于服务那些追求品质的顾客，走小而精的路线。而且我还有自媒体方面的优势，许多网友一直支持我，这让我相当于"开了挂"。我已经没有"下一世"了，这辈子如果能把不花心这个品牌经营好，我就谢天谢地了。当然，我承认现在还没有做到位，许多地方特别是服务还需要优化。希望大家给我一些时间，我一定会做到最好！

　　我的创业之路十分坎坷，我能坚持到今天，离不开朋友们的支持和信任。我衷心感谢各位，所以愿意毫无保留地分享出自己的经验和教训。

　　希望这本书能够真正帮助到那些即将开始或正在创业的朋友们！